사랑받는 아나운서에겐 뭔가 특별한 것이 있다

아나운서들의 이미지 표현 전략

사랑받는 아나운서에겐 뭔가 특별한 것이 있다

성연미 지음

프롤로그
아나운서만이 아는 비결

우리나라 여성들이 선망하는 직업은 과연 뭘까? 한 설문조사 결과 '아나운서'였다. 실제로 나는 아나운서에 대한 높은 호감도를 매일 절감한다. 2002년 아나운서 아카데미를 오픈한 이후 지금까지 아나운서에 대한 관심은 꾸준히 상승해 왔지만, 요즘처럼 반응이 뜨거웠던 적은 없었다.

나뿐만 아니라 모든 사람들이 아나운서에 대한 인기를 실감할 것이다. 예전과 달리 인터넷을 검색하다 보면 아나운서에 대한 기사를 어렵지 않게 접할 수 있고 그들의 말 한마디, 행동 하나하나에 쏟아지는 사람들의 관심은 뜨겁다. 몇몇 아나운서들은 연예인들과 견주어도 뒤지지 않을 만큼 많은 인기를 누리고 있다. 그 대표적인 아나운서가, 지금은 은퇴한 노현정이 아닐까 싶다.

노현정 아나운서는 방송 활동을 하던 당시, 중학교를 다니는 내 아들도 좋아할 만큼 연령대를 불문하고 많은 사람들로부터 사랑을 받았다.

그녀가 방송에서 작은 실수를 하거나 엉뚱한 행동을 하면 어김없이 기사화되는 것은 물론 네티즌들의 입에 수도 없이 오르내렸다. 특히 그녀가 국내 재벌가의 손자와 결혼을 발표했을 때는 그녀에 대해 얘기하지 않는 사람이 없을 정도로 주목을 받았다. 결혼으로 은퇴를 한다는 소문이 나돌면서 그녀의 후임자에 대한 관심이 커진 것은 물론, 그녀의 결혼식장은 취재진들이 몰려들어 북새통을 이루었다. 그녀가 방송계를 떠난 지금까지도 그녀의 소식은 톱뉴스로 다루어질 만큼 그 인기가 대단하다.

노현정 아나운서에 이어 핫 이슈로 떠올랐던 최송현 아나운서도 마찬가지다. 그녀는 노현정 아나운서가 KBS「상상플러스」를 진행할 당시 휴가로 자리를 비웠을 때 1일 MC로 출연했는데, 이 일을 계기로 그녀는 하루아침에 스타가 되었다. 그녀의 미니 홈피에는 7만여 명에 이르는 방문자가 폭주했고, 그녀와 관련된 사진이나 기사들 또한 화제가 되었다.

이러한 현상을 보면서 나는 격세지감을 느낀다. 내가 아나운서 활동을 했을 당시에도 아나운서는 선망의 대상이었지만, 요즘처럼 연예인과 같은 인기를 누리리라고는 상상도 못했으니까 말이다.

아나운서들의 인기가 급상승하다 보니 그녀들의 일거수일투족은 벤치마킹의 대상이 되고 있다. 그녀들이 구사하는 화법, 그녀들이 가지고 있는 소품, 그녀들이 입고 있는 옷, 그녀들이 읽는 책, 그녀들이 보는 영화, 그녀들의 헤어스타일, 그녀들의 메이크업……. 많은 사람들이 그녀들처럼 되기 위해 노력을 아끼지 않는다.

그러나 사람들은 중요한 점을 간과하고 있다. 내가 이 책을 쓰기로 결심한 것도 바로 이 때문이다.

대부분의 사람들은 아나운서에 대해 피상적으로 알고 있는 듯하다. 우선 사람들은 아나운서의 좋은 이미지가 직업적 특성에서 온다고 생각한다. 그도 그럴 것이 아나운서는 전 국민이 지켜보는 TV를 통해 정보를 전달하는 중요한 역할을 하기 때문에 그 자리가 주는 영향력이 막강하다. 산골 벽촌이라도 TV가 있는 집이라면 아나운서의 영향권에서 벗어날 수 없고, 그들이 하는 말 한마디의 파워는 크다.

세계적인 여성 앵커들만 봐도 그렇다. 토크쇼의 여왕 오프라 윈프리 Oprah Winfrey는, '오프라 현상'이라는 말이 있을 만큼 그녀가 책 제목만 얘기해도 그 책이 순식간에 베스트셀러가 되고 그녀가 공개수배를 하면 오랫동안 잡히지 않던 범죄자들이 체포되는 경우가 많다. 그녀의 영향력은 강력해서 미국인들은 '오프라 윈프리가 하면 뭐든 된다'는 인식을 가지고 있다.

한때 미국 NBC와 CBS를 대표했던 여성 앵커인 케이티 쿠릭 Katherine Anne Couric은 또 어떤가. 1996년 대선후보로 나왔던 공화당 밥 돌 Robert Joseph Bob Dole 후보에게 공격적인 인터뷰를 하여 공화당 내부에서 인터뷰 때문에 대선에서 졌다는 말이 나올 만큼 그녀의 입김은 셌다. 이렇게 사회 전반에 걸쳐 영향력을 행사하는 직업이니 선망의 대상이 될 만도 하다.

그러나 나는 아나운서만이 가지고 있는 좋은 이미지의 근원이 단지 직업적 특성이라고만은 생각지 않는다. 정치인, 기업인, 종교 지도자처럼 아나운서보다 강력한 영향력을 행사하는 직업이 수없이 많으니 말이다.

또 어떤 이들은 외모가 아나운서의 좋은 이미지를 형성하는 데 결정적인 역할을 한다고 생각한다. 그 말에 공감이 갈 만도 하다. 결혼과 함께 아나운서를 그만둔 노현정, 프리랜서로 전향한 강수정, 박지윤, 출산 후 다시 복귀한 김주하, 지금 왕성한 활동 중인 이혜승, 박혜진에 이르는 국내 아나운서부터 타키가와 크리스탈Takigawa Christel, 멜리사 도리오 Melissa Theuriau에 이르는 해외 아나운서까지 외모가 출중한 아나운서들의 인기는 여느 연예인 못지않으니 말이다.

  하지만 아나운서보다 수려한 외모를 가진 연예인이나 모델들은 수두룩하다. 물론 몇몇은 연예인들만큼 수려한 외모를 자랑하기도 하지만 대개 호감을 주는 외모를 가지고 있을 뿐 조각 같은 미남 미녀는 아니다. 직업의 특성 때문에 외모가 어느 정도 영향을 미치기는 하지만 그것은 아주 미미할 뿐이다.

  그렇다면 아나운서들만의 호감 가는 이미지는 대체 어디에서 오는 것일까?

  나는 그 근원을 '그들만이 아는 비결'로 본다. 그렇기 때문에 일반인들이 아나운서를 벤치마킹하는 데 한계가 있고, 나는 늘 이를 안타깝게 생각해 왔다. 그래서 오랜 고민 끝에 한때 아나운서 생활을 했고, 현역은 아니지만 지금도 아나운서 지망생들을 가르치면서 아나운서의 세계에 몸담고 있는 나의 경험을 살려 '아나운서들만이 아는 호감받는 비결'을 나름대로 분석해 이 책에 담았다.

  이 책은 총 2부로 구성되어 있다. 1부는 '아나운서만의 좋은 이미지'를 형성하는 데 결정적인 역할을 하는 '아나운서만이 아는 비결'에 대한 소개와 그 근거를 아나운서별로 분석하여 제시하였다. 2부는 '아나운서만이 아는 비결'을 내 것으로 만들어 '아나운서만의 좋은 이미지'를 가질 수 있는 구체적인 방안들을 소개하였다. 말하자면 2부는 실천편이다.

  정말 간절하게 아나운서와 같은 이미지를 가지고 싶어 하는 사람이 아니라면 다소 귀찮고 부담스러워 따라 할 엄두조차 내지 못할지도 모른다. 그래서 나는 독자들이 처음에는 가벼운 마음으로 책을 읽어 내려갔으면 한다. 그러다가 '나도 아나운서처럼 되고 싶다'는 마음이 동할 때 실천으로 옮겼으면 한다. 그래서 아나운서와 같은 호감받는 이미지를 가지고 싶어 하는 사람들에게 이 책이 작으나마 도움이 되리라 믿고, 또 그랬으면 하는 작은 바람을 가져 본다.

 목차

프롤로그 아나운서만이 아는 비결_ 004

 **1** 그녀에겐 뭔가 특별한 것이 있다
　　　　　　　　　　　__아나운서 분석하기

넘치지 않는 절제는 신뢰감을 준다
노현정, 고민정, 나경은, 김보민, 조수빈… **017**
할 일은 최선을 다하고 하지 말아야 할 일은 하지 않는다 **018**

그 이상도 그 이하도 아닌 것의 힘, 절제 022
절제는 내 삶을 예측하게 한다 **025**
절제의 핵심은 '나'다 **027**

얌체공처럼 통통 튀는 개성은 청량감을 준다
황정민, 최은경, 최송현, 윤영미, 오영실… **031**
어깨에 힘을 빼면 삶이 자유로워진다 **032**

빈 껍데기는 가라, 자기 철학 035
본인의 의지에 달렸다 **039**
긍정적인 자기 철학을 물들여라 **041**

열정보다 찬란한 것은 없다
최윤영, 박지윤, 황수경, 이숙영, 이정민… **044**
매일 무엇을 하는 것보다 두려운 것은 없다 **045**

카리스마보다 강한 에너지를 가져라, 열정 049
열정을 가지려면 뚜렷한 목표를 세워라 **053**
끊임없이 열정의 에너지를 불어넣어라 **055**

때론 완벽함보다 솔직함이 사랑받는다
강수정, 최송현, 서현진, 박은경… **058**
솔직한 부족함은 강점이 된다 **059**

나를 브랜드화한다, 자기 표현력 **064**
누구나 공감할 수 있는 자기 표현력을 가져라 **068**
타고날 때부터 자기 표현을 잘하는 사람은 없다 **069**

완벽을 향한 프로페셔널함은 사람을 매혹시킨다
정은아, 김주하, 이정민, 박지윤… **072**
완벽을 향한 끊임없는 노력은 능력으로 이어진다 **073**

나를 돋보이게 하는 힘, 능력 **078**
많이 넘어지고 깨지고 부딪쳐라 **081**
올인하는 마음으로 특화된 능력을 키워라 **083**

포근함과 부드러움은 울림이 크다
이금희, 백승주, 정미선, 문지애, 박지윤… **088**
사랑만큼 가슴을 따뜻하게 하는 것은 없다 **089**

나를 먼저 열고 표현한다, 공감 능력 **093**
오픈 마인드를 가져라 **097**
공감 능력은 판단력이 뒷받침될 때 완성된다 **101**

신뢰보다 강한 무기는 없다
박지윤, 정세진, 나경은, 진양혜… **102**
신뢰를 지키기 위한 노력은 나의 가치를 높이는 일이다 **103**

그녀의 말은 진실이다, 신뢰 **107**
나에 대한 신뢰는 남이 아니라 내가 만드는 것이다 **109**
신뢰를 주기 위한 표현 작업을 하라 **115**

겸손은 사람의 마음을 움직인다
나경은, 백승주, 김소원, 정은임… 115
겸손하고 또 겸손하면 상대를 매료시킬 수 있다 119

나를 낮춰 내 가치를 높인다, 겸손 123
겸손을 강한 신뢰로 연결시켜라 126
저도 좋다는 마음을 가져라 128

세련미는 호감을 불러일으킨다
최송현, 고민정, 서현진, 박나림… 131
외적·내적인 세련미가 어우러져야 진정한 세련됨이다 132

갈고 다듬어진 아름다움, 세련미 136
군더더기를 없애라 138
세련미는 절제 속에서 빛난다 141

 **똑 부러지게 말하면서 품위 지키는 법**
___아나운서처럼 말하기

1교시 목소리에 맛깔스러운 맛을 입혀라, **음색** 147
··· 듣기에 좋은 목소리는 '음색'이 결정한다 150
TIP 좋은 음색을 내기 위한 기본자세 155

2교시 목소리를 가득 채워라, **성량** 156
··· 타고난 성량은 없다 160
TIP 복식호흡하는 방법 163

3교시 리듬을 타며 말하라, **음의 고저**高低**와 강세** 164
··· 강약을 주면 말이 리드미컬해진다 167
TIP 말의 리듬과 발음과의 관계 171

4교시 매혹적인 말의 빠르기, **속도** 172
· · · 아나운서들의 말하기 비밀, 맞춤형 속도 175
TIP 상황에 맞는 말의 속도 177

5교시 발음에도 표준이 있다, **발음** 178
· · · 한 글자씩 또박또박 읽어라 181
TIP 발음 연습 184

자율학습 1 제2의 얼굴을 성형하라, **표정** 185
· · · 웃기 때문에 행복한 것이다 189
TIP 표정 근육 풀어주기 192

자율학습 2 눈으로 하는 달콤한 키스, **눈맞춤** 193
· · · 자연스럽고 당당하게 마주쳐라 196
TIP 상대방을 응시할 때의 황금비율 198

자율학습 3 말 잘하게 하는 쉬어가기가 있다, **포즈** 199
· · · 알아야 띄어 말할 수 있다 201
TIP 포즈 사용에 따른 의미 변화 203

ON AIR 3 세련되면서도 교양 있게 이미지 유지하는 법
__아나운서처럼 이미지 유지하기

1교시 얼굴에 색을 입혀라, **메이크업** 207
· · · 어색하지 않은 메이크업 210
TIP 가장 신경 써야 할 눈 메이크업 214

2교시 옷을 입는 데도 공식이 있다, **의상 코디** 215
··· 아나운서들의 옷 잘 입는 패션 전략 218

TIP 이미지를 업UP시키는 패션 전략 221

3교시 헤어스타일이 변하면 인상이 바뀐다, **헤어스타일** 222
··· 내게 맞는 헤어스타일을 찾아라 225

TIP 헤어스타일 점검할 때 주의해야 할 점 229

심화학습 1 결점 속에 답이 있다, **체형별 코디** 230
··· 센스 있는 그녀들의 체형별 코디법 233

TIP 부위별 체형 콤플렉스 커버하는 코디법 236

심화학습 2 원하는 스타일이 내 스타일일까, **스타일 찾기** 237
··· 내 안에 답이 있다 240

TIP 직업에 따른 패션 스타일 243

심화학습 3 내 색을 찾아라, **컬러 코디** 245
··· 어울리지 않는 색은 없다 249

TIP 사계절 컬러에 어울리는 소재 251

심화학습 4 작은 것이 부리는 조화, **소품 코디** 252
··· 하나의 액세서리로 강조하되 상황, 체형, 의상을 고려하라 256

TIP 인상을 보완해 주는 액세서리, 안경 259

에필로그 열쇠는 당신에게 있다_ 260

흑백 TV 시절, 레슬링이나 권투를 보면서 선수들의 이마에 까맣고 끈적거리는 느낌의 액체를 막연하게 '피'라고 느끼던 시절이 있었다.

컬러 TV가 등장하면서 그 액체는 피가 아니라 땀이라는 것을, 바다는 잿빛이 아니라 쪽빛이라는 것을, 만개한 꽃들은 무채색이 아니라 알록달록한 유채색이라는 것을 알게 되었다. 컬러 TV는 "저것은 무엇일까?" "저것은 무슨 색깔일까?" 상상하는 수고로움을 덜어 주었다. 이제 사람들은 TV를 통해 보여지는 것을 여과 없이 사실로 받아들인다.

아나운서에 대한 이미지도 그렇다. 사람들은 TV를 통해 보여지는 것이 아나운서의 이미지를 형성하는 '모든 비결'이고 '사실'이라고 여긴다.

정말 그럴까?

물론 TV에 보여지는 것은 사실이다. 그렇지만 '모든 비결'은 아니다. 방송계의 다른 직종, 나아가 다른 직업과 차별화되는 '아나운서만의 이미지'는 TV에서 보여지는 것 이상의 '그들만이 아는 비결'이 어우러져 형성되는 것이다. 따라서 '그들만이 아는 비결'을 파악하지 못한다면 아나운서와 같은 호감받는 이미지를 가질 수 없다.

도대체 그들만이 아는 비결이란 무엇일까?

1
ON AIR

그녀에겐 뭔가 특별한 것이 있다
아나운서 분석하기

아나운서들에 대한 이 정도 분석이 가능하다면,
당신은 이미 초급자 수준은 넘어선 것이다!

넘치치 않는 절제는 신뢰감을 준다

노현정, 고민정, 나경은, 김보민, 조수빈…

　최근에는 아나운서의 활동 영역이 넓어지면서 연예인 못지않은 관심과 인기를 누리는 아나운서들이 많아졌다.

　물론 아나운서들은 예전부터 단정한 외모와 지성을 겸비한 인재로 남녀노소 모두에게 호감의 대상이자 동경의 대상이었다. 하지만 요즘처럼 아나운서들의 일거수일투족에 국민들의 관심이 쏠리고, 작은 일에 각종 인터넷 검색순위 1위를 장식하기도 하는 것을 보면 격세지감을 느끼게 된다.

　도대체 왜 사람들은 연예인도 아닌 아나운서들에게 이토록 열광하는 것일까? 그녀들에겐 뭔가 특별하고 강력한 에너지가 있는 것이 분명하다.

할 일은 최선을 다하고 하지 말아야 할 일은 하지 않는다

사람들의 동경과 호감을 이끌어 내는 아나운서들의 단정하고 반듯한 이미지는 해야 할 일과 하지 말아야 할 일을 명확하게 구분 짓고 행동으로 옮기는 '절제'에서 비롯된다. 예능 프로그램에서도 아나운서들이 돋보이는 것은 끼를 발산하면서도 단정하고 바른 말과 행동을 통해 절제미를 보여 주기 때문이다.

그럼, 많은 아나운서들 중에서 특히 절제의 전형을 보여 주는 아나운서는 누구일까?

방송과 동시에 40%에 이르는 검거율을 자랑하며 '범인 잡는 프로그램'으로 자리 잡은 KBS의 「특명 공개수배」를 진행했던 고민정 아나운서. 단아한 외모뿐 아니라 차분한 진행 솜씨로 「무한지대 큐」「밤을 잊은 그대에게」 등 여러 프로그램을 맡으며 KBS의 차세대 간판급 아나운서로 성장한 고민정 아나운서의 절제미는 그녀의 러브스토리 속에서 더욱 빛을 발한다.

아나운서들은 지성과 미모를 겸비한 엘리트이기 때문에 재벌가나 사업가, 의사 등 보다 좋은 조건의 배우자를 선택하게 되는 경우가 많다. 그런데 고민정 아나운서의 경우는 좀 다르다. 그녀 역시 아나운서가 되면서 내로라하는 곳에서 맞선 제의가 있었다고 한다. 그러나 그녀가 주저 없이 선택한 사람은 대학 시절부터 연인이었던 11살 연상의 전업시인 조기영 씨.

한 인터뷰에서 고민정 아나운서는 "물질적으로 많이 누리고 사는 것보다 우리 부부가 죽은 후 한 권의 책이 남는다면 그것으로 더 아름다운 삶이 아니겠느냐"고 말했다. 그녀는 이미 자신의 삶 속에서 절제의 미덕을 몸소 실천하고 있었던 것이다. 바로 이러한 모습이 아나운서로서의 그녀에게 깊은 신뢰를 느끼게 한다.

예전에 MBC「무한 도전」에 출연해 얼굴 없는 아나운서 '마봉춘'으로 유명한 나경은 아나운서도 절제가 무엇인지 아는 아나운서이다. 마봉춘이라는 별명은 MBC의 이니셜을 재해석하여 재미있게 붙인 이름으로, 그녀는 짧은 방송 경력에도 불구하고 유재석, 노홍철, 하하, 박명수 등이 정신없이 개그를 펼치는 모습을 지켜보다가 단 한마디로 어수선한 상황을 정리하는 절제력 있는 진행 솜씨를 보여 주었다.

이후 라디오 프로그램「나경은의 초콜릿」과 주부들을 위한 정보 프로그램「파워특강 엄마는 CEO」를 단독으로 진행하며 빠르게 성장한 그녀의 절제력은 내가 그녀를 가르쳤을 때부터 이미 돋보였다. 그녀는 여러 번의 도전 끝에 마지막 시험을 보기 전날 내게 이런 말을 했다.

"그동안 수많은 시험에 떨어진 이유를 생각해 봤는데, 아무래도 마음을 비우지 못했기 때문인 것 같아요. 되고 싶다는 욕심, 나만 그 자리를 갖고 싶다는 마음을 절제하지 못했던 거죠. 그런데 나를 온전히 비우고 본연의 나의 모습, 욕심 없는 모습을 보여 줄 때 상대방이 나의 가치를 인정하는 것이 아닌가 하는 생각이 들어요. 최선을 다했기 때문에 이제는 어떤 결과가 있어도 마음이 편할 것 같아요."

이렇게 마음을 절제하고 조절할 수 있는 능력을 갖추었기에 나경은 아나운서는 주목받는 아나운서로 성장할 수 있게 된 것이다.

라디오 프로그램 「3시와 5시 사이」 「행복퀴즈 무지개 가족」을 진행했던 KBS 김보민 아나운서도 아나운서로서의 절제된 단정함을 보여 준다. 김보민 아나운서는 보는 사람으로 하여금 '아, 저 사람에게는 비밀을 말해도 좋겠다'라는 생각이 들 정도로 신뢰감이 들게 하는 인상을 준다. 정보와 뉴스를 정확하게 전달하는 임무를 가지고 있는 아나운서에게 그것은 분명 플러스 요인일 터.

그런데 이는 저절로 얻어진 것이 아니다. 한 인터뷰에서 말했듯이 스스로 '신뢰감과 책임감을 가지고 매순간 진실하고 성실한 아나운서'를 목표로 삼고 꾸준하게 자신을 통제하고 절제하며 아나운서로서의 자신을 갈고 닦는 노력이 있었기에 가능한 것이었다.

2003년 미스월드유니버시티에 출전할 정도로 수려한 외모를 가진 KBS의 조수빈 아나운서. 그녀 역시 아나운서로서 절제미를 갖추었다. 어쩌면 몇몇 사람은 미스월드유니버시티에 출전할 만큼의 출중한 미모를 가진 아나운서에게서 절제의 미를 보는 것을 의아하게 여길 수도 있다. 그런데 왜 나는 그녀를 절제미의 표본으로 보았을까?

그것은 바로 조수빈 아나운서가 자신의 뛰어난 외모를 통제하는 능력을 갖추고 있기 때문이다. 그녀는 균형 잡힌 시각과 해박한 지식을 필요로 하는 「남북의 창」 「김방희 조수빈의 시사플러스」 등에서 안정되고 정확한 진행으로 시청자와 청취자들에게 신뢰감을 심어 주었다.

다른 사람들에게 신뢰감을 주는 이미지를 가지려면 스스로가 군더더기 없는 정제된 모습을 보여 줘야 한다. 그러려면 단정함과 반듯함의 대명사인 아나운서들처럼 내가 해야만 하는 것과 하지 말아야 하는 것을 명확하게 구분 짓는 판단력과 행동력이 요구된다. 절제력이 부족한 사람들을 떠올려 보라. 대개 우유부단한 성격으로 판단을 잘 내리지 못한다. 설령 결정을 내렸다 해도 이 눈치 저 눈치 보며 뭉그적거린다. 그래서 "사람은 좋은데 실력이 없다"라는 말을 자주 듣는다.

물론 삶이란 절제력을 통해 완벽하게 통제할 수 없는 면이 있다. 그러나 균형 있고 성공적인 삶을 살기 위해서 절제는 필요하고, 절제력을 발휘하는 일은 자기 하기 나름이다. 자기중심을 세우고 흔들리는 자신을 끊임없이 채찍질한다면 당신도 절제력을 갖출 수 있다.

다만 여기서 염두에 둬야 할 점은 절제력에만 치중해서 냉철한 인간이 되어서는 안 된다는 것이다. 정의롭기만 한 인간은 잔인한 인간이라는 말이 있듯 때로는 인간적인 면모를 보여 줄 줄 아는 여유를 가질 때 절제미가 돋보인다는 것을 잊지 말도록 하자.

그 이상도 그 이하도 아닌 것의 힘, **절제**

어렸을 때 나는 누군가를 사랑하면 모든 것을 다 보여 줘야 한다고 생각했다. 그것이 진정한 사랑이라고 여기면서 말이다. 그러나 나이가 들면서, 아니 아나운서가 되고 난 후부터는 꼭 그렇지만은 않다는 것을 느꼈다. 때론 상대방에게 부담이 될 수 있다는 것을 깨달았고, 특히 두 아이의 엄마가 되고부터는 사랑도 절제를 해야만 서로가 편하고 행복해진다는 것을 알게 됐다.

비단 이 얘기는 연인 관계나 부모 자식 간의 관계에만 해당되는 얘기가 아닐 터이다. 인생에 있어 절제는 없어서는 안 될 중요한 요소다.

예를 들어 우리 뇌는 구조상 이성을 지배하는 뇌와 감정을 지배하는 뇌가 있는데, 이성뇌보다 감정뇌가 영향력이 크기 때문에 본능에 치우치기 쉽다. 그래서 감정뇌를 제대로 다스리지 못하면 여러 가지 문제가 생긴다. 매사에 충동적으로 행동하고, 옳고 그름을 잘 판별하지 못하며, 다른 사람에게 피해를 주는 행동도 하게 된다. 따라서 절제는 사람을 판단하는 기준이 되기도 한다.

중국 고전인 『민춘추』에 보면 이런 내용이 나온다.

상대방을 즐겁게 만든 다음 상대방이 어떻게 행동하는지 관찰하고, 상대방을 화나게 한 후 어떻게 참아 내는지 관찰하며, 두려움을 느끼게 하여 얼마나 용기가 있는지 살펴라. 또 괴롭게 만들어 상대방 생각의 깊이를 측정하고, 고통을 준 다음 얼마나 인내심이 있는지 살펴라.

사람은 감정이 격해지면 마음을 다스리기 어려운 법이므로 칠정 七情, 즉 기쁨, 성냄, 두려움, 미움, 사랑, 욕심 등을 느꼈을 때의 언행을 보면 상대방이 어떠한 성품과 인격을 가졌는지 짐작할 수 있다는 얘기다.

멀리 중국 고전을 뒤지지 않더라도 주변에서 얼마든지 찾아볼 수 있다. 감정을 노골적으로 드러내거나 자신이 무슨 생각을 하는지 쉽게 내비치고, 쉽게 초조해하고 당황해하는 사람들을 보면 그 사람의 성품이 좋지 않고 인격이 높지 않다는 것을 쉽게 짐작할 수 있다. 반면, 감정이 격해질수록 한발 물러서서 평소와 다름없는 태도를 보이는 사람을 보면 절제력이 강하고 인격이 고결하다고 판단한다.

또한 절제는 인생의 성패를 좌우하는 키워드가 되기도 한다.

성공한 사람들의 얘기를 들어 보면 대개 뛰어난 절제력의 소유자이고 실패한 사람들은 그렇지 않다. 유명인이 아니더라도 우리 주변에서 이러한 경우는 얼마든지 목격할 수 있다. 자신의 욕망, 감정, 본능을 절제하지 못해 일을 그르치는 내 가족, 친구, 이웃들이 얼마나 많은가.

실제로 나는 욕망과 욕심 등을 자제하지 못해 무고한 사람들을 힘들게 하고, 스스로도 자기 함정에 빠진 사람을 잘 알고 있다. 한때 이름을 날렸던 그 사람은 자신의 욕심을 위해 정정당당하게 경쟁을 하는 것이 아니라 편법과 음해를 하여 경쟁 상대를 이기려고 했다. 처음에는 그 사람의 유명세 때문에 그 누구도 이를 눈치채지 못했지만, 뿌린 대로 거둔다는 속담처럼 지금은 그 사람에 대한 긍정적인 이미지가 많이 훼손되어 사업적으로 어려움을 겪고 있다.

아나운서도 다를 바 없다. 절제를 할 줄 알아야 성공적으로 그 역할을 소화해 낼 수 있다. 예전에 한 아나운서가 폭격으로 다리가 잘려 나간 아이의 모습을 보고 복받쳐 오르는 감정을 참지 못해 방송에서 눈물을 흘린 적이 있었다. 이 모습을 보고 시청자들은 "그녀의 행동을 충분히 이해할 수 있다" "그녀의 모습을 보고 나까지 목이 메었다" "인간적이다" 라며 그녀를 옹호했지만 아무리 감정이 복받쳐도 아나운서는 방송 전문 진행자로서 자신의 본분을 잊어서는 안 될 것이다.

물론 MBC의 「만나고 싶습니다」라든가 KBS의 「사랑의 리퀘스트」처럼 시청자들의 마음을 울려야 하는 프로그램을 진행할 때는 그 상황에 함께 동화되어 '울고 웃는' 것이 뻣뻣하게 내용만 전달하는 것보다 나을지 모르나 「9시 뉴스」처럼 객관적이고 중립적인 뉴스를 전달해야 하는 프로그램에서는 개인의 감정을 드러내는 것을 절제해야 한다. 설령 교양, 오락 프로그램이라고 하더라도 자기감정에 도취되면 신뢰감이 떨어지고, 심지어 반감을 살 수도 있다.

　어떤 일에도 흔들리지 않는 강한 사람이 되고 싶은가. 어느 자리에서든 돋보일 수 있는 존재가 되고 싶은가. 그렇다면 지체하지 말고 흔들리지 않는 자기 절제력을 키워라. 당신이 알고 있는 수많은 위인들, 성공한 사람들은 모두 자기 절제를 통해 자신이 원하는 것을 거머쥔 사람들이다.

　영조英祖는 스스로 근검절약하며 백성들에게 술과 사치풍조를 금하는 법령을 만들어 절제를 강조했고, 미국인들이 가장 존경하는 인물 중 하나인 벤저민 프랭클린Benjamin Franklin은 그의 자서전에서 성공적인 인생을 사는 데 있어 필요한 13가지 덕목 중 하나가 폭음과 폭식을 하지 않는 '절제'라고 했다. 그들에게 절제력이 없었다면 그 누구도 그들의 이름을 기억하지 못할 것이다.

절제는 내 삶을 예측하게 한다

　절제가 이처럼 인생의 성패를 좌우할 만큼 큰 힘을 발휘하는 것은 불투명한 미래를 예측할 수 있기 때문이다.

　가령 당신이 쇼핑광shopaholic이라고 하자. 당신은 마음에 드는 물건이 있으면 구입을 해야 직성이 풀린다. 설령 월급날도 아직 멀었고, 그것이 한 달 치 월급을 몽땅 털어도 살 수 없는 값비싼 물건이라고 해도 말이다. 그러다 보니 당신은 카드를 자주 쓰고, 매달 카드 값을 메우느라 허리가 휜다. 저축은 고사하고 카드 결제일이 다가오면 걱정이 앞서 일이 손에 잡히지 않는다. 가끔씩 카드 값을 막기 위해 아등바등 사는 자신이 한심스럽게 느껴지고, 평생 이렇게 살아야 하는 것은 아닌가 하는 두려움에 잠을 설친다. 이런 당신에게 미래가 희망적이겠는가.

십중팔구 당신은 칠흑처럼 어두운 미래에 공포를 느낄 것이며, 어떤 미래도 설계할 수 없을 것이다.

반면, 당신이 쇼핑 욕구를 참고 월급을 차곡차곡 저축한다고 하자. 통장에 돈이 쌓여 갈수록 불가능하게만 보이던 계획이 현실화되면서 불투명했던 당신의 미래가 점점 선명해질 것이다. 100%는 아니지만, 당신은 자신의 인생이 어떻게 흘러갈 것인지 어느 정도 짐작할 수 있을 것이다.

나 역시 그렇다. 20대 때 나는 욕심이 지나쳐 하고 싶고, 이루고 싶었던 일이 너무 많았다. 나보다 많이 가진 사람, 나보다 많이 배운 사람, 나보다 잘난 사람을 보면 그런 사람들처럼 되고 싶은 마음에 나를 끊임없이 괴롭혔다. 물론 그 당시에 흘렸던 내 땀과 눈물에 대해 후회는 없지만, 다시 그 시절로 돌아가라고 하면 단연코 거절하고 싶다. 그때는 욕구를 조절하지 못해 항상 조바심이 났고 미래가 보이지 않아 한없이 불안했기 때문이다. 내 안에 넘치는 욕심을 버리고 나서야 나는 마음의 여유가 생겼고, 미래를 그릴 수 있게 되었다.

그래서 나는 내 삶을 예측하기 위해 항상 나를 관리하고 절제하려고 노력한다. 더 편해지고 싶고, 더 가지고 싶은 마음이 생기기도 하지만 나는 내 삶을 예측하기 위해 욕구를 억누른다.

절제를 통해 미래를 예측하게 되면 어떤 분야에서든 자신의 목표를 보다 쉽게 달성할 수 있다. 초행길을 갈 때 내비게이션을 장착한 자동차를 탄 운전자가 그렇지 않은 자동차를 탄 운전자보다 빨리 목적지에 도착할 수 있는 것처럼 말이다.

그렇다면 이런 절제력을 가지기 위해서는 어떻게 해야 할까.

절제의 핵심은 '나'다

절제력을 키우려면 우선 나를 버릴 줄 알아야 한다. 우리가 절제력을 요할 때는 대개 내 욕심이 앞설 때이다. 남보다 많은 돈을 벌고 싶고, 남보다 유능하고 싶고, 남보다 성공하고 싶고…….

따라서 내 안을 가득 채우고 있는 '넘치는 것'을 비워 내면 절제력은 저절로 생긴다. 좀 더 편하기 위해, 좀 더 갖기 위해, 좀 더 출세하기 위해 미련을 가지게 되면 욕심을 부리게 되고 상대방을 무시하게 되고 고민하게 되고 자만심에 빠지게 되어 결국 성공적인 삶을 살지 못하게 된다.

아이들이 보는 만화만 봐도 그렇지 않은가. 만화 속에 등장하는 악당들은 주인공에 비해 능력 면에서 결코 뒤지지 않음에도 주인공에게 항상 패배의 쓴맛을 본다. 그 이유는 욕심을 버리지 못해 다 된 일을 그르치기 때문이다.

자신과 쉽게 타협해서도 안 된다. '가장 무서운 적은 내 안에 있다'는 말이 있듯 절제하고자 하는 나를 향해 가장 위협적인 펀치를 날리는 존재는 바로 나 자신이다. 장구한 역사를 지닌 왕조도 내란이 생기면 그 운명을 다하듯 내 안에 있는 '나'가 때를 탓하고, 상대를 탓하고, 상황을 탓하며 뒷걸음치면 내 마음을 다스릴 수 없다.

어떤 유명한 아나운서는 나태해지는 자신과 타협하지 않기 위해 일상생활 속에서 무의식적으로 하는 소소한 행동을 수치화시켜 그 숫자에 숫자를 더해 절제하는 습관을 길렀다고 한다. 이를테면 어떤 일에 몰입하는 시간이 1시간이라고 했을 때, 10분을 추가해 1시간 10분 동안 집중하는 훈련을 하는 것이다. 이것이 익숙해지면 여기에서 시간을 더 늘려 또 훈련을 하면 절제력이 자연스럽게 몸에 밴다는 것이다.

일리가 있는 말이다.

우리가 자신과 타협하려 할 때는 편하고자 하는 마음이 생길 때다. "오늘은 이 정도면 충분해" "여기까지 하지 뭐" "오늘만 날인가, 내일 하지 뭐" 식으로 게으름을 피우고 싶을 때 절제하고자 하는 의지가 무너지지 않던가.

또 역지사지易地思之의 자세를 가져야 한다. 나이가 들수록 사람은 상대의 장점보다는 단점을 보는 눈이 커지는 경향이 있다. 이는 '세상의 풍파'를 겪으며 비판적인 시각을 가지게 된 이유도 있지만, 장점보다는 단점을 지적하기 좋아하는 인간의 본성 때문이 아닐까 싶다.

나 역시 사람인지라 상대의 단점을 지적하고 싶은 마음이 생길 때도 있다. 하지만 그때마다 나는 상대의 입장에 서려고 노력한다. 그러면 상대의 좋은 점이 보이고, 그로 인해 나를 절제할 수 있게 된다. 여기서 그치는 것이 아니라 칭찬을 자주 하게 되고, 스스로 자신을 돌아보고 문제점을 개선할 수 있는 기회를 갖게 된다.

내 안에 있는 부정적인 생각을 몰아내는 것도 중요하다. 화가 치밀어 오르고, 울분이 복받쳐 오를 때 보면 대개 어떤 것에 대해 부정적인 느낌을 가졌을 경우다. 상사가 내게 훈계를 하거나 동료와 갈등을 할 때 "저 사람은 왜 저 모양이야" "또 트집 잡네"라는 부정적인 생각을 하기 때문에 감정을 절제하지 못하는 것이다.

이러한 부정적인 생각 대신 "저 사람이 저렇게 행동하는 데는 그럴 만한 이유가 있을 거야"라고 긍정적으로 생각해 버리면 자신을 효과적으로 컨트롤할 수 있다.

상대방의 눈높이에서 바라보는 자세도 필요하다. 우리가 마음을 억제하지 못하는 것은 상대가 나를 만족시켜 주지 못하기 때문이다. 상대방이 나보다 경험도 부족하고 준비도 되어 있지 않은데, 내 눈높이에서만 바라보려 한다고 생각해 보라. 질책하고 싶은 마음을 억제할 수 있겠는가.

마지막으로 인내하는 마음을 가져야 한다.

누구나 기분이 좋지 않거나 화가 날 때 마음을 다스리기가 쉽지 않다. 그때마다 나는 "3초만 참자" "오늘, 말하지 말자"라고 속으로 되뇐다. 그러면 조금 전까지 내 기분을 상하게 했던 문제들을 잊어버리게 되고, 그 문제에 대해 생각할 수 있는 충분한 시간을 갖게 되어 상대를 이해하게 된다. 부딪치면 내게 이로울 것이 하나 없지만, 인내하면 언젠가는 그

보상이 뒤따르게 된다.

"나 자신을 극복하자 비로소 나는 칭기즈 칸Chingiz Khan이 되었다"는 원나라 황제의 말처럼 자신과의 싸움만큼 힘겨운 것은 없다. 특히 마음 가는 대로 살았던 사람이 어느 순간 절제력을 발휘하기란 쉽지 않다.

이런 경우는 소소하더라도 목표를 세우면 도움이 된다. 이때 목표를 장기적으로 잡기보다는 단기적으로 잡는 것이 중요하다. 장기적인 목표는 쉽게 지치게 하여 도중에 포기하게 만들지만, 단기적인 목표는 지속적으로 성취감을 맛보게 하여 목표를 향해 나아갈 수 있도록 한다. 그렇다고 지나치게 자신을 절제하는 것은 바람직하지 않다. 과도하게 참고, 포기하고, 철저하게 행동하면 자신도 힘들고 다른 사람에게도 '피곤한 사람' '딱딱한 사람' '융통성 없는 사람'으로 비칠 수 있다.

영국 속담에 "최소의 욕구를 가진 자가 최대의 부자"라는 말이 있듯 자신을 스스로 통제할 수 있는 사람만이 다른 이에게 좋은 영향과 이미지를 줄 수 있고, 원하는 것을 손에 넣을 수 있다. 그러니 사소한 절제에 인생이 변화할 수 있음을 명심하고 절제력을 키우자. 다만, 그전에 자신의 자질과 능력을 충분히 키워야 한다. 부족한 상태에서의 절제는 그저 '부족한 것'이니까 말이다.

얌체공처럼 통통 튀는 개성은 청량감을 준다

황정민, 최은경, 최송현, 윤영미, 오영실…

    연예인들의 진솔한 이야기와 다양한 생활정보로 아침 시간 주부들의 인기를 모으고 있는 KBS「여유만만」의 안주인이었던 최은경 아나운서. 요즘은 주로 종합편성채널에서 MC를 맡고 있는데, 시원한 웃음소리와 진심 어린 감탄의 소리가 끊임없이 흘러나오는 그녀의 방송을 보고 있노라면 대본과 스태프가 어우러져 만든 방송이라는 생각을 잠시 잊게 된다. 그저 학창시절 친구이거나 누군가 가까운 사람을 만나 스스럼없이 수다를 떨고 있는 모습을 옆에 앉아 엿보는 듯한 편안함이 느껴진다.

    그녀는 외모부터 단정하고 반듯한 전통적인 아나운서들과는 다르다. 때로는 과감할 정도의 통통 튀는 의상과 짧고 귀여운 커트머리로, 꾸미지 않는 그녀만의 젊고 감각적이면서도 자연스러운 매력을 풍긴다.

    나는 파격적임에도 거부감을 주지 않고 통통 튀는 자신만의 매력으로 방송을 진행하는 그녀의 능력을 높이 산다. 실제로 방송 중 튀는 멘트나 유머를 껄끄럽지 않게 풀어내는 것은 아무나 할 수 없는 일이기 때문이다. 그렇다면 사이다처럼 톡 쏘는 청량감을 주는 그녀의 매력은 어디에서 오는 것일까.

어깨에 힘을 빼면 삶이 자유로워진다

나는 그녀의 '자유로운 영혼'에서 그 답을 찾는다.

최은경 아나운서는 원래 잘 웃고, 잘 감동하고, 사소한 일에서도 즐거움과 재미를 찾아낼 줄 아는 유쾌한 개성의 소유자다. 물론 그녀도 자신의 개성 때문에 피해를 본 적이 있다. 튀는 의상 때문에 진행하던 프로그램에서 도중하차한 적이 있다는 것. 하지만 최은경 아나운서는 한 인터뷰에서 "튀는 의상을 입는 이유가 섹시함을 과시하기 위해서인가?"라는 질문에 "그저 옷을 너무나 좋아하는 나의 취향일 뿐이다"라고 '그녀답게' 대답했다. 그녀가 많은 아나운서 중에서도 돋보이는 이유는 자신다움에 대해 이렇듯 당당하기 때문이다.

나의 제자이면서 KBS 출신의 최송현 전前 아나운서. 「상상플러스」와 대중과학프로그램 「과학카페」를 진행하면서 떠오르는 샛별로 주목받았던 그녀 역시 자신만의 특별한 개성을 당당하게 보여 준 아나운서 중의 하나다.

대학시절 앞머리를 내린 단발머리에다 학교 이름이 프린트된 티셔츠에 짧은 미니스커트를 입고 치어리더로 활동하던 발랄한 모습의 사진은 그 한 예. 그녀는 자신이 하고 싶은 일에는 어떤 구속이나 편견, 선입견이 있다 해도 포기하지 않고 도전하는 자기만의 확고한 철학과 개성이 있다.

나와 공부하던 시절에도 여자들이 보통 선호하지 않는 분야인 스포츠캐스터반에 스스럼없이 도전해서 관심을 받기도 했고, 아나운서가 되기 전에 국내 통신회사인 KTF의 글로벌 모바일 날씨 진행자, 즉 웨더자키라는 특별한 경력을 쌓기도 했다.

「상상플러스」 연출자였던 최재형 PD가 "최송현의 상큼 발랄한 매력을 높이 평가해 발탁했다"고 말했을 정도로 자신만의 캐릭터를 만들어 가며 시청자들로부터 사랑받았던 그녀. 단아한 외모와는 또 다른 털털하고 친근한 개성으로 큰 기대를 하게 하였다.

SBS 출신의 윤영미 아나운서도 나이를 잊게 하는 개성을 보여 주고 있다. 트렌드에 민감한 스타일, 메이크업 등 20대 못지않게 변치 않는 모습으로 시청자들에게 어필하고 있다. 물론 오늘에 이르기까지 그녀의 지칠 줄 모르는 노력이 있었음은 두말할 필요도 없다.

새벽 4시부터 바쁜 일과를 시작한다는 그녀가 젊은 개성을 지켜 나가는 비결은 "새로 문을 연 장소가 있으면 인테리어라든가 요리의 트렌드, 혹은 지나가는 사람들의 스타일을 유심히 살펴"보고 즉시 실천할 줄 아는 부지런함 때문이다.

나이에 대한 생각도 남다르다. 한 인터뷰에서 그녀는 "나이에 대한 열등감은 사회적 인식에 대한 극복과 나 자신에 대한 극복 두 가지가 있다. 나이로 인해 낙심하거나 뒤처지지 않으려고 노력한다"는 말로 에너지 넘치는 자신을 설명한 바 있다. 메이크업을 정식으로 배워 스스로에게 맞는 스타일을 찾았다는 그녀는 아나운서로서 개성이 무언인가를 아는 멋진 사람이다.

일찍이 자신의 끼와 개성을 망설임 없이 발산해 사랑을 받은 아나운서도 있다. 동네 언니 같은 친근감을 주는 오영실 아나운서가 바로 그 주인공. 그녀는 주부 대상의 프로그램에서 친밀감을 이끌어 내기 위해 반듯한 아나운서라는 기존의 이미지를 과감하게 깨는 '막춤'까지 춰 가며 열정을 보여 준 바 있다. 두 아이를 키우는 주부로서 솔직하고 대담한 입담을 펼치는 그녀는 EBS「생방송 60분 부모」「가족오락관」등의 프로그램을 시원시원한 말솜씨와 매끄러운 진행으로 독특하고 개성이 넘치는 오영실만의 방송으로 만들어 냈다.

많은 사람들은 '재미있는 것은 가볍다'라는 편견을 가지고 있다. 나도 예전에는 그랬다. 그래서 이해하지도 못하는 어려운 책, 어려운 영화를 즐겨 봤다. 그 속에 진리가 있다고 생각하면서 말이다. 그러나 진리는 의외로 쉽고 간단하다. 삶도 그렇고 말이다. 진지하고 무겁게 살아야만 제대로 사는 것이 아니다. 오히려 인생을 의미 있게 사는 사람들은 깃털처럼 가볍다. 어깨에서 불필요한 힘을 뺐기 때문이다.

사람들은 진지하고 무겁게 사는 사람보다 경쾌하고 가볍게 사는 사람들에게 더 호감을 느낀다. 그러니 다른 사람들에게 진심 어린 호감을 받고 싶다면 어깨의 힘을 빼 보자. 어깨가 가벼워질수록 당신의 이미지도 삶도 쿨해질 테니 말이다.

빈 껍데기는 가라, **자기 철학**

생각해 보면 우리는 '알고 보니'라는 말을 많이 하고 산다. "알고 보니 별 볼 일 없더라" "알고 보니 품질이 형편없었어" "알고 보니 그 사람 괜찮더라" "알고 보니 그 사람 너무 실망스럽더라"…….

사람이나 물건이나 '알고 보니' 실망감을 안겨 주는 존재는, 대개 겉은 그럴싸하게 보이는데 알맹이 없는 경우가 많다. 여기서 알맹이라 함은, 물건의 경우는 품질이나 내용물이라고 볼 수 있고 사람의 경우는 자기 철학이라고 볼 수 있을 것이다. 여기서 자기 철학이라 함은 살아가는 데 있어 자기 생각, 자기 행동, 자기 책임에 관한 기준이다.

아나운서에게도 자기 철학은 그 무엇보다 중요하다. 그래서 나는 아나운서 지망생들을 교육하면서 자주 이런 말을 하곤 한다.

"누구나 아나운서를 지망할 수 있다. 그러나 누구나 할 수 없는 것이 아나운서다."

 이 얘기를 빼놓지 않는 이유는, 아나운서는 그만큼 영향력이 큰 사람들이기 때문이다. 뼛속까지 다른 이에게 좋은 영향을 미칠 수 있는 자질과 소양, 즉 자기 철학을 가지고 있어야 훌륭한 아나운서가 될 수 있다. 겉보기에는 아나운서다운데 알맹이는 아나운서답지 않다고 생각해 보라. 마치 땅콩 껍질을 깠더니 알맹이가 없는 것을 보았을 때처럼 속았다는 기분이 들 것이다.

 실제로 아나운서 중에는 자기 철학이 없는 사람이 없다. 자기 철학이 없으면 방송을 성공적으로 진행할 수 없기 때문이다. 다른 사람의 말이나 생각을 모방하는, 즉 자기만의 이야기를 할 수 없는 사람은 아나운서로서 자격 미달이다.

 예를 들어 교양 프로그램을 진행하는데, 5월에는 "5월은 가정의 달입니다"라고 하고 6월이면 "6월은 호국보훈의 달입니다"라고 하고 7월이면 "7월은 여름휴가의 계절입니다"라는 식으로 자기 철학이 전혀 흐르지 않는 식상한 얘기만 한다고 생각해 보라. 시청자들은 상투적인 말에는 귀를 기울이지 않는다. 누구나 할 수 있는 이야기를 한다면 꼭 그 아나운서가 프로그램을 진행해야 할 이유가 없지 않을까.

 내 안에 철학이 없으면 다른 사람의 생각에 기대게 되고, 섣불리 판단하게 되고, 남에게 피해를 주게 되고, 작은 시련에도 갈대처럼 흔들리게 된다. 때문에 어떠한 자기 철학을 가지느냐에 따라 인생의 행로까지 달라질 수 있다.

 중국 역사의 한 획을 그었던 쑹자수宋嘉樹의 세 딸이 그 대표적인 경우라 할 수 있다. 쑹자수는 20세기 초반 광동 성의 대부호로, 그에게는 세 딸이 있었다. 첫째인 쑹아이링宋藹齡, 둘째인 쑹칭링宋慶齡, 막내인 쑹메이링宋美齡이 그녀들이다. 그런데 같은 부모 밑에서 자라고 같은 교육을 받았지만 세 자매의 가치관과 인생관은 너무도 달랐다. 첫째인 쑹아이링은 물질적인 것에 큰 가치를 두었고, 둘째 쑹칭링은 조국과 민족을 가장 소중하게 여겼으며, 막내인 쑹메이링은 권력을 무엇보다 중요하게 생각했다. 그 영향으로 쑹아이링은 중국 산시 성의 대부호와 결혼을 했고, 쑹칭링은 중국에서 국부로 존경받는 혁명가이자 사상가인 쑨원孫文과 부부의 연을 맺었으며, 쑹메이링은 당시 군벌을 이끌던 장제스莊介石와 결혼했다.

결혼 후, 세 자매는 더욱 서로 다른 길을 걷게 된다. 특히 둘째인 쑹칭링과 막내인 쑹메이링은 정반대의 인생을 살게 된다. 쑹칭링은 남편 쑨원의 이상을 이어받아 마오쩌둥毛澤東과 손을 잡고 중국 본토에 중화인민공화국을 세우고, 여동생 쑹메이링은 둘째언니에게 쫓겨난 남편 장제스를 따라 대만으로 건너가 새로운 삶을 살게 된다.

내 경우도 마찬가지다. 아나운서 시절, 나는 아나운서로서의 자기 철학이 뚜렷하지 않았다. 늘 '유능하고 실력 있는 아나운서가 돼야 한다'는 생각이 앞섰다. 그러다가 자기 철학이 확고해진 것은 제자들을 교육하면서부터다. 그것도 최근에 말이다.

여러 해 전에 나는 여러 사건들 때문에 마음고생을 심하게 했다. 당장 모든 일을 그만두고 싶을 만큼 마음의 상처가 컸고, 진실이 아닌 것을 진실인 것처럼 말하고, 또 옳다고 말하려 해도 옳다고 말해서는 안 된다고 말하는 세상에 대해 좌절했다.

'내가 잘못 살아가고 있는 건가?' '어떻게 살아야 잘사는 것일까?'라는 고민에 휩싸여 휘청거릴 때, 한 기자 분이 내게 "너무 연약하고 자기 철학이 없어 보인다"고 조언했다. 그러면서 단순히 합격생을 많이 배출시키기 위해 아카데미를 운영하는 것이냐고 물었다. 그 말을 듣자마자 내 입에서는 바로 "정녕 그건 아닌데……"라는 말이 튀어나왔고, 작은 외부의 공격에도 흔들리고 연약해지는 나 자신이 너무나도 초라하게만 느껴졌다. 그분과의 만남은 나 스스로를 반성하고 성찰하는 중대한 계기가 되었다.

그때부터 나는 더욱 학생들에게 관심을 기울였다. 그전까지는 나를 찾아오는 학생들만 돌봐 주었지만, 그때부터는 마치 부모가 자식을 생각하듯 먼저 전화를 걸어 학생들을 챙겼고, 그들이 나를 서운하게 하고 안타깝게 하더라도 실망하거나 원망하지 않기로 했다. 그러자 제자들이 잘못을 저지르고 실망스러운 일을 저질러도 예전처럼 서운한 마음이 들지 않고 너그러이 용서를 하게 되었다.

이런 나를 보고 주변 사람들은 어떻게 모든 학생들을 자식처럼 돌봐 줄 수 있느냐며 우려를 했지만, 나는 '인간에 대한 사랑이 먼저다'라는 자기 철학이 확고하게 서 있었기 때문에 전혀 수고스럽지 않았고, 위기를 도약할 수 있는 기회로 만들 수 있었다. 만약 그때 그러한 경험을 하지 못했다면 나는 아직까지 작은 바람에도 흔들리는 연약한 존재에 지나지 않았을 것이다. 그때 견고해진 자기 철학은 내 인생을 180도 바꿔 놓았다.

자기 철학은 확고하게 세워야 한다. 그래야 다른 사람들에게 "소문난 잔치에 먹을 것 없다"라는 실망감을 주지 않을 수 있고, 자기 분야에서 원하는 결실을 맺을 수 있다.

그렇다면 자기 철학을 가지려면 어떻게 해야 할까.

본인의 의지에 달렸다

열심히 연습을 하면 자전거를 잘 탈 수 있고, 피아노를 잘 칠 수 있고, 달리기를 잘할 수 있지만 자기 철학은 훈련만으로는 가질 수 없다. 그렇다고 전혀 불가능한 것은 아니다. 자기 철학을 가지기 위해 내면의 소리에 귀를 기울이고, 자기와의 시간을 자주 갖고, 내면을 충만하게 하는 정보를 수시로 접하고, 또 자기보다 먼저 경험한 사람들을 찾아가 도움을 받으면 어느 정도 자기 철학을 세울 수 있다.

나 역시 부모님과 아나운서 선배들, 학교 교수님들로부터 자기 철학을 세우는 데 많은 도움을 받았다. 그런데 그분들의 말 속에 공통적으로 흐르는 것이 있었다. 바로 '인간에 대한 사랑'이었다. 부모님은 늘 내게 다른 사람을 사랑으로 대해야만 나도 사랑받을 수 있다고 말씀하셨고, 아나운서 선배들이나 교수님들도 마찬가지였다.

지금 생각해 보면 내가 아나운서가 된 동기도 인간에 대한 사랑이었다. 일상생활 속에서는 상대에게 사랑을 줘도 그 마음을 받지 못할 때가 많지만, 방송은 그렇지 않다. 방송은 사람들이 원하는 것을 주는 것이기 때문에 보장된 사랑이나 다름없다. 내가 왜곡되거나 잘못되지 않는다면, 설령 작은 사랑을 줘도 시청자들은 그 몇 배의 사랑을 아낌없이 준다. 내가 방송이나 아나운서에 대해 매력을 느낀 것도 이 때문이었다.

그러나 훈련을 하고 주위에서 아무리 주옥같은 조언을 해 줘도 자기 철학은 지극히 내적인 것이기 때문에 본인 스스로가 자기 철학을 가지겠다는 마음을 굳게 먹지 않으면 소용이 없다. 자신의 의지, 욕구, 주위 사람들의 도움과 훈련이 어우러질 때 더 견고해지고 뚜렷해지는 것이 자기 철학이다.

이를테면 2006년 독일 월드컵이 열리기 전에 가족들과 함께 스포츠 뉴스를 본 적이 있었다. 때마침 우리나라의 첫 상대인 토고에 대한 뉴스가 나왔는데, 둘째아들 상호가 "나, 토고 알아. 우리나라와 첫 번째로 싸우는 나라야"라고 말했다. 첫째인 상훈이가 이 얘기를 듣고 "토고가 어디에 있는 나라냐?" "월드컵이 언제부터 개최됐는지 아느냐?" "월드컵의 의미를 아느냐?" "오프사이드가 무엇인 줄 아느냐?" 등 여러 가지 질문을 던졌다. 그러나 둘째아이는 한마디도 대답하지 못했다. 그것밖에 알지 못했기 때문이다. 첫째는 둘째를 놀렸고, 둘째는 곧바로 자기 방으로 들어가 버렸다. 살짝 가서 봤더니 둘째가 인터넷을 통해 월드컵에 대해 공부를 하고 있는 것이 아닌가.

둘째는 형으로부터 자극을 받아 월드컵을 알고자 하는 의지와 의욕이 생겼고, 그 지식을 자신의 것으로 만들기 위한 작업에 들어간 것이다. 자기 철학도 이와 같아서 자기 의지가 더해져야만 완성된다. 다만, 자기 철학을 정립할 때 유의해야 할 점이 있다.

긍정적인 자기 철학을 물들여라

우선, 얘기를 꺼내기 전에 당신에게 질문을 하나 하겠다. 당신은 색깔 있는 옷과 색깔 없는 옷을 세탁할 때 어떻게 하는가. 처음 빨래를 해 본 사람이 아니라면 보통 구분하여 빨 것이다. 그렇다면 그 이유가 무엇인가. 아마도 색깔 없는 옷이 물들까 염려스러워서일 것이다.

사람도 이와 같다. 주변에 어떤 사람을 두느냐에 따라 빨간색이 될 수도 있고, 파란색이 될 수도 있고, 검은색이 될 수도 있다. 부모님들이 어렸을 때 좋은 친구를 사귀라고 당부하는 것은, 그러한 친구를 사귀면 자연스럽게 좋은 영향을 받기 때문이다.

그렇기 때문에 긍정적인 자기 철학을 가지려면 옆에 그러한 자기 철학을 가지고 있는 사람을 두어야 한다. 자기 철학이 분명하지 못한 사람이나 부정적인 자기 철학을 가진 사람을 벤치마킹하게 되면 같은 부류가 되어 버린다.

드라마나 영화를 보라. 냉정하고 비열한 자기 철학을 가진 스승 밑에서는 꼭 그러한 제자가 나오고, 인자하고 정의로운 자기 철학을 가진 스승 밑에서는 또한 같은 부류의 제자가 나오지 않던가.

실제로 나는 긍정적인 자기 철학을 가진 한 사람에 의해 여러 사람이 좋은 영향을 받는 것을 자주 목격한다. MBC 「생방송 화제집중」을 진행했던 김정근 아나운서는 자기 철학이 뚜렷하면서 긍정적이었던 제자 중 하나였다.

대학에서 방송반 활동을 하다가 졸업 후 일반 기업체에 들어간 그는 1년 동안 회사를 다니다가 고심 끝에 사표를 내고 아나운서에 도전하기 위해 나를 찾아왔다. 그때가 2004년 초였는데, 그가 반에 들어가자마자 모든 학생들이 더욱 열심히 공부를 하기 시작했다. 그도 그럴 것이 '모든 일에 최선을 다하자'라는 자기 철학을 가진 그는 다른 학생들이 편한 옷을 입고 수업을 받아도 늘 양복을 입고 왔고, 강사들을 긴장시킬 만큼 끊임없이 질문을 했다. 또 강사들이 시키는 것은 무슨 일이든 다 했고, 솔선수범하여 분위기를 주도했다. 그 모습을 보고 어떻게 자극을 받지 않을 수 있겠는가.

또 하나는 자기 철학을 적극적으로 표현해야 한다는 것이다. 마음속에 품고만 있으면 상대방에게 내가 어떤 철학을 가지고 있는지 알릴 수 없다. 그래서 나는 지망생들에게 '인간에 대한 사랑이 우선이다'라는 나의 철학을 알리기 위해 각종 설문조사를 통해 고충과 애로사항을 묻고 전화, 문자 메시지, 수업 등을 통해 내가 지망생들을 한 인간으로서 존중하고 애정을 갖고 있다는 점을 얘기한다. 물론 처음에는 내 철학이 100% 전달되지 않는다. 그러나 그러한 작업을 계속하다 보면 상대가 언젠가 나의 철학을 이해하게 되고, 나에 대해 좋은 이미지를 갖게 된다.

다만, 자기 철학이 결코 아집이 되어서는 안 된다. 자신만의 기준점을 세우고 살아가는 사람들 중에 세상만사 자신의 잣대를 들이대는 경우가 많다. 이러한 사람들을 '독불장군' '안하무인'이라고 하는데, 이것은 자기 철학이 아니라 아집일 뿐이다. 자기 철학은 자기를 관리하는 것이지 다른 사람을 구속하고 통제하는 것이 아니니까 말이다. 만약 아나운서가 '경쟁은 피할 수 없으므로 정면승부를 해야 한다'는 자기 철학을 가지고 있다 하여 FTA(자유무역협정)를 무조건 지지하는 발언을 방송에서 했다고 하자. 아마도 수많은 사람들, 혹은 단체로부터 신랄한 비판과 지적을 받게 될 것이고, 아나운서로서의 자격이 없다는 말을 듣게 될지도 모른다.

　자기 철학은 세상을 살아가는 데, 성공을 하는 데, 다른 사람에게 호감을 심어 주는 데 결정적인 역할을 한다. 그러므로 내면을 자기 철학으로 꽉꽉 채우는 일을 게을리하지 말길 바란다.

열정보다 찬란한 것은 없다
최윤영, 박지윤, 황수경, 이숙영, 이정민…

프랑스의 소설가 찰스 슈와프Charles Schwab는 "사람은 그 자신이 무한한 열정을 품고 있는 일에는 대부분 성공한다"라고 말했다.

나는 이 말에 전적으로 공감한다. 역사적으로 보더라도 그렇고, 내 경우에도 열정이 있었기에 지금의 내가 존재할 수 있었으니까 말이다.

지망생들도 마찬가지다. 아나운서 지망생들을 가장 힘들게 하는 것은 미래에 대한 막막함이다. 목표가 뚜렷하고 준비를 열심히 한다고 해도 미래가 불투명하기 때문에 많은 지망생들이 괴로워한다. 여기서 시험까지 떨어지고 나면 자신감마저 잃어버려 포기하고 싶은 마음이 엄습한다. 지금 활발하게 활동을 하고 있는 대부분의 아나운서들도 이러한 과정을 거쳤다. 그러한 갈등 속에서도 그들이 최종 목표에 도달할 수 있었던 것은 방송에 대한 열정이 있었기 때문이다.

"위대한 것 치고 열정 없이 이루어진 것은 없다"라는 말이 있듯 열정은 유에서 무를, 불가능을 가능으로 만드는 어마어마한 에너지를 가지고 있다. 어느 분야에서든 성공한 사람들을 보면 대부분 자신의 일에 대한 열정이 크다.

아나운서도 다를 바 없다. 시청자들에게 사랑받고 그 자질이 뛰어난 아나운서들은 대개 열정적이다. 그 대표적인 아나운서 중 하나가 KBS의 간판급으로 활동했던 방송인 박지윤이다.

아나운서라면 누구나 방송에 대한 열정이 크지만, 박지윤은 그중에서도 열정이 남다르다. 수많은 아나운서들 중에서 그녀가 돋보이는 이유는 이 때문이다.

그렇다면 그녀의 남다른 열정은 어디에서 오는 것일까.

매일 무엇을 하는 것보다 두려운 것은 없다

나는 박지윤이 다른 사람보다 열정적인 것은 포기하지 않는 근성 때문이라고 생각한다. 박지윤이 시험에 수차례 낙방한 사연은 잘 알려진 사실. 그녀는 지상파 방송국과 지역 방송국, 케이블 방송사에서 거듭 불합격의 고배를 마셨다. 하지만 그녀는 아나운서가 되고자 하는 열정을 한 번도 꺾지 않았고, 시험에 떨어질 때마다 자신에게 부족한 점을 고쳐가면서 정말 열심히 도전했다.

무섭게 공부하는 그녀를 보면서 나는 그녀가 되지 않는다면 누가 아나운서가 될까 생각했고, 정말 그녀는 소망대로 아나운서가 되었다. 단아하고 차분한 매력을 가진 박지윤의 열정은 겉으로 드러나는 활화산 같은 정열이 아니라 안으로 스스로를 단련하며 포기하지 않는 내적인 열정이다. 요란하지 않으면서도 강력한 그 열정이 있었기에 오늘날 눈부시게 성장하는 그녀가 있는 것이다.

KBS의 대표적인 아나운서이면서 박지윤과 같은 내적인 열정을 보여 주는 황수경 아나운서. 그녀는 늘 반듯하고 진지한 모습으로 맛깔스럽게 프로그램을 진행하는 카리스마를 보여 주어 여러 후배 아나운서들이 닮고 싶어 하는 선망의 대상이기도 하다.

황수경 아나운서는 「VJ특공대」 「열린 음악회」 「스펀지」 등 KBS 간판 프로그램들을 진행하며 특유의 정갈한 말투와 이미지로 많은 사랑을 받을 때 재충전을 위해 미국으로 유학길에 올랐다. 이러한 과감한 결단은 아나운서라는 자신의 일에 대한 자신감과 열정 없이는 할 수 없는 일이다. 바로 이런 점이 누구보다도 차분해 보이는 그녀를 정말 열정적인 사람이라고 느끼게 하는 것이 아닐까.

한 인터뷰에서 "단순히 순조롭고 매끄러운 진행만을 하는 아나운서는 요즘 같은 진행자의 무한경쟁시대 속에 더 이상 살아남을 수 없다. 전문성을 가져야 한다는 것이 아나운서 모두의 가장 큰 과제이다"라고 말한 것을 보아도 황수경 아나운서가 얼마나 열정적인 사람인지를 잘 알 수 있다.

'열정'하면 떠오르는 또 다른 '원조' 아나운서는 바로 SBS 라디오 프로그램 「이숙영의 파워 FM」을 진행하는 이숙영 아나운서이다. 그녀는 1987년 KBS에서 시작해서 10년, SBS에서 또 17년, 장장 27년이 넘는 시간 동안 매일을 하루같이 청취자들에게 사랑받는 아침방송을 하고 있다. 대한민국 국민이라면 모두 한 번쯤 통통 튀는 그녀의 목소리를 들으며 모닝커피를 마셔 보지 않았을까.

27년 동안 눈이 와서 딱 한 번 방송에 지각했다는 그녀의 성실함은 방송에 대한 열정이 없으면 불가능한 일이다. 그녀는 갑자기 내린 눈 때문에 지각한 그날도 스튜디오로 가는 차 안에서 휴대전화로 길거리 상황을 생중계했을 정도.

이숙영 아나운서의 열정의 밑바탕은 '무조건 하루하루를 충실하고 재미있게 살자'는 그녀의 평소 생각 때문이 아닐까 나는 생각한다. 프리랜서 아나운서로 활동하면서 그녀는 연극 공연, 쇼핑몰 운영뿐 아니라 『애첩기질 본첩기질』 『어쨌든 튀는 여자』 『맛있는 대화법』 등 거의 10권에 달하는 책을 펴내기도 했다. 그야말로 열정과 정열이 무엇인지 보여 주는 매력적인 아나운서이다.

오전 6시 「뉴스투데이」의 메인 앵커로 MBC의 아침을 열었던 이정민 아나운서도 열정만큼은 남다르다. 「TV 특종 놀라운 세상」과 「출발 비디오여행」 등 MBC의 여러 프로그램을 책임졌던 그녀는 원래 iTV 경인방송 보도국 사회부 기자였다. 그러나 그녀는 뉴스를 정확하고 생생하게 전달하는 아나운서에 새롭게 매력을 느끼고 아나운서 시험에 도전, 누구보다 탄탄한 성장의 길을 걷고 있다.

사람들에게 호감받는 이미지는 그냥 얻어지는 것이 아니다. 알맹이를 채우고 또 채우려는 노력, 내실을 알차게 다지려는 노력이 있을 때 형성되며, 그 밑바탕에는 열정이 흘러야 한다. 연료가 없으면 자동차가 움직이지 않듯 열정은 나를 움직이게 하는 원동력이기 때문이다. 열정적인 사람이 생동감 넘치고 찬란하게 빛나는 것은 이 때문이다.

그러니 하루하루를 되는 대로 살고 있거나 불만족스러우면서도 현실에 안주하며 산다면 당신의 영혼에 열정을 불어넣길 바란다. 그리고 열정의 불씨가 활활 타오를 수 있도록 노력하고 또 노력하라. 그러면 어느 자리에서든 환영받고 돋보이는 사람이 될 수 있을 테니 말이다.

카리스마보다 강한 에너지를 가져라, **열정**

    아나운서 지망생들이 내게 가장 많이 하는 질문 중 하나가 "저같이 평범한 사람도 아나운서가 될 수 있나요?"이다. 아나운서가 되고 싶지만 자신이 아나운서가 될 만한 재목임을 확신하지 못해서 하는 말이다. 실제로 아나운서 지망생들이 처음 아카데미 문을 두드릴 때는 대부분 평범한 모습과 자질을 가지고 있다. 다만, 아나운서에 대한 열정을 가지고 다듬고 다듬어 그에 맞는 자질과 모습을 갖추게 된 것뿐이다.

    SBS의 「스포츠 중계석」「서바이벌 독서 퀴즈왕」을 진행했던 최기환 아나운서도 그랬다. 그는 아카데미의 초창기 멤버로, 그가 다른 대형 아카데미를 두고 우리 아카데미와 같은 작은 아카데미를 찾은 이유는 집중적으로 실기교육을 받고 싶어서였다. 대형 아카데미는 아무래도 사람이 많다 보니 실기교육을 받는 시간이 적을 것이라고 판단했던 것이다.

그러한 열정은 교육을 받는 내내 식지 않았다. 늘 성실하고 누구보다 수업에 열중했다.

한 예로 2002년 겨울, 폭설로 인해 서울 시내가 거의 마비 상태에 빠진 날이 있었다. 보통 이런 날이면 지망생들은 심란하기도 하고, 귀찮기도 하고 해서 날씨 핑계를 대고 결석을 한다. 그런데 최기환 아나운서는 모두 결석한 그날도 혼자서 수업을 받으러 왔다. 또 한번은 대본 작성을 해 오라고 과제를 내 준 적이 있었다. 대본 작성을 해 오지 않았는지 앞으로 나온 그의 손에는 아무것도 없었다. 나는 '과제를 해 오지 않았나 보다'라고 생각했지만 그것이 아니라 이미 외워 온 것이었다.

나는 그의 열정적인 모습을 보면서 아나운서가 되고도 남을 사람이라고 생각했다. 아니나 다를까. 그는 시험에 합격하여 지금 아나운서 역할을 훌륭하게 해내고 있다.

그래서 나는 스스로에게 확신이 없는 지망생들에게 늘 열정만 있다면 아나운서가 될 수 있다고 얘기한다. 열정은 자발적으로 어떤 목표를 향해 달려갈 수 있게 만들고, 다양한 영역을 두려움 없이 개척하고 실천하게 만들며, 새로운 것을 끊임없이 추구하게 만드는 어마어마한 에너지를 가지고 있기 때문이다. 파울로 코엘료Paulo Coelho의 『연금술사』에서 연금술사가 주인공 산티아고에게 말했듯이 무언가를 온 마음을 다해 원하면 반드시 그렇게 된다. 열정은 바로 불가능을 가능으로 만드는 그런 힘을 가지고 있다.

몇 년 전, 우연히 영화 「빌리 엘리어트」를 본 적이 있었다. 가난한 광부의 아들로 태어난 11살 소년 빌리가 발레리노로 성공하기까지의 얘기를 담은 이 영화는, 보는 사람의 가슴을 뜨겁게 만드는 감동을 선사했다. 그중에서도 나는 이 장면이 특히 기억에 남는다. 권투를 배우기를 원했던 아버지의 고집을 꺾고 어렵게 돈을 마련하여 런던의 로열 발레 학교 입학시험을 보러 가게 된 빌리가 제 실력을 발휘하지 못하고 시험장을 빠져나가려는 순간인데, 이때 심사위원 중 한 명이 어깨가 축 늘어져 돌아서는 빌리에게 이렇게 물었다.

"넌 춤출 때 어떤 느낌이 드니?"

그러자 빌리는 이렇게 대답했다.

"마치 내 몸 안이 모두 바뀌어서 몸 안에 불길이 치솟고 전 그냥 거기서 날아가요. 새처럼요. 마치 전류를 탄 것처럼 그래요. 전류를 타고 날아다니는 것 같아요."

이 말에 심사위원들은 빌리를 받아들인다. 빌리보다 뛰어난 실력을 가진 아이들이 많았음에도 말이다. 이는 심사위원들이 빌리의 가슴속에 뜨겁게 고동치는 열정을 보았고, 발레리노에게 있어 열정만큼 중요한 것은 없다고 생각했기 때문이다. 심사위원들의 예상대로 빌리는 발레에 대한 뜨거운 열정으로 아버지와 형이 지켜보는 가운데 최고 무대의 주인공으로 서게 된다.

물론 열정만 가진다고 해서 마음먹은 것이 모두 이루어지는 것은 아니다. 이 열정을 실행할 수 있는 능력과 힘을 갖춰야 한다. 그런데 이 또한 열정에서 비롯되는 것이기 때문에 결국 열정이 모든 것에 대한 해답이다. "천재도 치열하게 노력하는 사람은 이길 수 없다"는 말이 있듯 열정을 가진 사람만이 그 무엇을 성취할 수 있고, 어떤 자리에서든 빛날 수 있다.

 가령 고흐Vincent van Gogh에게 그림에 대한 열정이 없었다고 생각해 보라. 이름 모를 화랑에서 판화와 복제화를 파는 판매원에 지나지 않았을 것이고, 칭기즈 칸 또한 열정이 없었다면 몽골 초원 어디에서든 볼 수 있는 양치기에 불과했을 것이다.

 아나운서들도 마찬가지다. 그들에게 아나운서에 대한 열정이 없었다면 TV나 라디오에서 아예 그 모습을 볼 수 없었을지도 모른다. 아나운서가 되려면 '7전 8기는 기본'이라는 말이 나올 만큼 경쟁률이 치열한 요즘은 더욱 말이다.

 그래서 나는 "제가 아나운서가 될 수 있을까요?" "이 정도면 어느 방송국에 들어갈 수 있을까요?" 하며 도전을 망설이는 사람들에게 "시험에 30번 떨어져도 포기하지 않을 각오가 되어 있다면 수강해도 좋다"고 얘기한다. 덧붙여 "그럴싸한 직업을 가지고 싶다는 마음에 도전을 하면 견디기 힘들 것"이라고 강조한다.

 지금 당신의 마음이 열정적인 사람이 되고 싶다고 외치는가. 그렇다면 당신이 지금까지 삶을 열정적으로 살지 않았다는 뜻이며, 또 지금이 스스로 변화하기에 가장 좋은 적기라는 신호다. 그러니 이 기회를 절대 놓치지 말고 최대한 활용하라.

열정을 가지려면 뚜렷한 목표를 세워라

축구선수들이 드넓은 운동장을 2시간여 동안 열심히 뛰는 것은 골을 넣어서 승리하려는 목표가 있기 때문이다. 마찬가지로 열정을 가지려면 뚜렷한 목표가 있어야 한다. 양은 냄비에 물을 끓이면 단시간에 끓어오르기는 하지만 금방 식듯 목표가 없으면 열정은 오래 지속되지 못한다.

목표는 열정의 불씨이며, 열정을 더욱 견고하고 단단하게 만드는 역할을 한다. 그러니 대단한 것이 아니어도 좋다. 목표를 세워라. 소소한 것이라도 뜻있고 자기 발전에 도움이 되는 것이라면 어떤 목표를 세워도 무방하다. 다만, 이왕 목표를 세우려면 보다 비전 있는 것이 좋다.

그러나 지금까지 되는 대로 살던 사람이 갑자기 목표를 정하기란 쉽지 않다. 이럴 때는 자신에게 이렇게 물어보라.

"내가 지금 가장 원하는 것이 뭔가?"

목표를 정하는 것을 주위 사람들이 도와줄 수는 있으나 결국 선택은 자신이 해야 하며, 본인의 의지에 의해 목표를 정하지 않으면 열정은 그 힘을 잃고 말기에 자기가 원하는 것이 무엇인지 아는 것이 급선무다. 그러면 정상의 고지에 오를 때까지 열정의 불은 꺼지지 않을 것이다.

앞서 잠깐 언급한 미국 NBC와 CBS의 간판 앵커였던 케이티 쿠릭은 자신이 원하는 것이 무엇인지 잘 파악하고, 그것을 목표로 세워 최고의 자리에 오른 인물이다. 그녀는 처음부터 앵커를 했던 것이 아니라 잡일을 도맡아 하는 데스크 보조를 했다. 커피를 타고, 복사를 하고, 앵커들의 뒤치다꺼리를 하면서 앵커에 대한 꿈을 키웠다. 그러나 그녀에게는 좀처럼 기회가 주어지지 않았고, 때문에 오랜 시간 다른 일을 해야 했다.

그러던 어느 날, 그런 그녀에게 좋은 기회가 찾아왔다. 하지만 도발적인 인터뷰로 상대를 당혹하게 만들어 CNN 지국장으로부터 "오늘 이후로 화면에서 보지 않았으면 한다"는 독설을 들어야 했다. 하지만 그녀는 좌절하지 않고 이 경험을 발판으로 삼아 자신이 원하는 목표를 향해 더욱 열정을 불태워 상상을 초월하는 연봉을 받고, 명성을 누리는 NBC 방송국의 간판 앵커가 되었다.

나 역시 원래 열정과는 거리가 멀어 어떤 일에 부딪치면 정면 승부를 하기보다는 언제나 도망치려 했고, 쉬운 길을 가려고 했다. 그러나 내가 간절히 원하는 것이 아나운서임을 알고부터 부모님조차 놀랄 만큼 열정적인 사람으로 변했다. 예전에는 뒤로 숨어서 피했던 일도 적극적으로 나서서 해결했고, 내가 판단하기에 가야 할 길이라면 어떤 장애에도 망설이지 않았다. 아나운서 지망생들을 교육하고부터는 더욱 그러했다.

지금은 내가 지나치게 열정적이다 보니 직원들에게 간혹 미안한 마음도 든다. 나는 직원들에게 항상 수강생들이 아무리 속상하게 해도 감수할 마음이 되어 있는 무조건적인 사랑을 가진 엄마가 되라고 당부한다. 그러나 그것이 쉽지 않은 일임을 잘 알기에 내 말을 잘 따라주는 직원들이 그저 고맙기만 하다.

그러나 목표를 세웠다고 해서 항상 열정의 에너지가 넘치는 것은 아니다. 아무리 체력이 좋은 사람도 오래 달리면 숨이 가쁘고 힘겹듯 열정이 크고 목표가 뚜렷해도 시간이 지나면 시들해지게 마련이다. 이럴 때는 어떻게 해야 할까.

끊임없이 열정의 에너지를 불어넣어라

이런 경우는 에너지를 채워 줄 수 있는 사람을 찾는 방법이 효과적이다. 열정은 전염성이 강하기 때문에 열정적인 사람 곁에 가면 그러한 사람이 되고, 무기력한 사람 곁에 가면 또한 그러한 사람이 된다. 그래서 나 역시 열정이 시들해질 때마다 에너지를 채워 줄 수 있는 사람들을 찾는다. 그 대상은 대개 아나운서 선배들, 어려운 상황에도 불구하고 오늘을 열심히 사는 사람들, 그 분야에서 성공한 사람들이다. 나는 특히 신체장애를 가지고 있음에도 열심히 사람들을 만나면 마음이 열정으로 가득 차는 것을 느낀다.

몇 년 전, 평소 인연이 있던 KBS 선배의 초대로 장애인을 위한 행사에 참석하게 됐다. 그곳에서 네 손가락의 피아니스트 이희아를 보았다. 나는 그녀의 티 없이 밝은 표정에 한 번 놀랐고, 그녀의 수상 소감에 또 한 번 놀랐다.

그녀는 장애자의 날을 맞아 수상을 하면서 "나는 손가락 네 개로 태어난 게 너무 행복하다. 내가 온전하게 손가락을 가지고 있었다면 이렇게 삶에 대한 열정을 가지지 못했을 것이다. 그리고 손가락 네 개를 가지고 있기에 사람들의 찬사와 사랑을 받을 수 있었다"라고 말했다. 삶을 대하는 그녀의 열정적인 태도는 침잠해 있던 내 열정마저도 다시 살아 꿈틀거리게 했다.

나 역시 아나운서 지망생들에게 열정을 불어넣어 주기 위해 방송 현장을 견학시키고, 그들이 되고자 하는 아나운서들의 활동하는 모습을 보여 준다. 그러면 지망생들은 강한 자극을 받고 더욱 열정적인 사람이 된다.

아이들에게도 마찬가지다. 각 분야에서 성공한 사람들을 만나게 해 주려 노력하고, 그것이 공부하라고 백 번 얘기하는 것보다 효과가 있다는 것을 자주 느낀다.

하지만 주위에 내 열정을 채워 줄 사람이 없는 경우도 있으므로 본인 스스로 열정을 불어넣는 작업을 게을리하지 않는 것이 무엇보다 중요하다. 대부분의 아나운서들은 스스로 열정을 불어넣는 작업을 끊임없이 했기에 지금의 자리에 있을 수 있었다.

다만, 열정을 키울 때 유의해야 할 점이 있다. 다른 사람에게 부담이 되면 안 된다. 백조가 수면 위에서는 조용하고 우아하지만 물 밑에서는 빠르게 물장구를 치듯 다른 사람에게 편안하게 보이되 내 안에서는 끊임없이 열정을 불살라야 한다. 내가 지나치게 열정적이면 상대방에게 '난 너무 무기력하게 살고 있는 거 아니야?' '저 사람은 너무 피곤한 스타일이야'라는 느낌을 주어 오히려 부담감이나 거부감을 줄 수 있다.

대학 강단에 서는 나는 간혹 꿈도 없고 자신의 삶에 대해 무기력한 학생들을 만나게 되면 안타까운 마음을 금할 수 없다. 그리고 그런 사람들에게 나는 아나운서가 되기 위해 피땀을 흘리는 지망생들의 모습, 매 방송마다 시청자들의 변화하는 취향과 욕구를 맞추기 위해 끊임없이 연구하고 공부하는 아나운서들의 이야기를 들려주며 그들의 마음에 열정의 불씨를 지펴 주기도 한다. 열정을 가질 때 세상이 얼마나 매력적인지, 또 그 힘이 얼마나 어마어마한지 알려 주고 싶은 마음에 말이다.

세계적인 기업 GE의 파울로 프레스크 부회장이 삼성 이건희 회장에게 직접 편지를 써서 스카우트를 한 남자로 유명한 GE 코리아의 이채욱 회장이 이런 말을 한 적이 있다.

"열정이 운명을 결정한다."

이는 100% 맞는 말이다. 당신이 공짜로 뭔가를 바라지 않고, 온 마음을 다해 열정을 불태운다면 운명은 당신을 위해 움직인다. 그리고 아나운서처럼 언제, 어디서든 보석처럼 빛나는 존재가 될 수 있다. 그러니 어떤 일을 하든 열정을 불태워라.

때론 완벽함보다 솔직함이 사랑받는다

강수정, 최송현, 서현진, 박은경…

아나운서들이 베일에 가려져 있던 시절, 사람들은 아나운서에 대해 환상을 품기도 하고 동경을 하기도 했다. 그러나 결코 친숙한 대상은 아니었다.

그랬던 아나운서들이 최근 사람들에게 많이 친근하게 느껴지기 시작했다. 여러 오락 예능 프로그램에 단골로 등장하기도 한다. 나는 그 견인차 역할을 한 사람이 바로 프리랜서를 선언한 방송인 강수정이 아닐까 생각한다. 아나운서에 대한 편견을 깬 선두주자로 평가받고 있는 그녀는 전문방송인으로서 연예인 부럽지 않은 인기를 구가했다. 그런데 그녀가 이처럼 꾸준하게 사랑을 받았던 이유는 무엇일까?

솔직한 부족함은 강점이 된다

많은 사람들이 그녀가 사랑받은 이유를 귀엽고 사랑스러운 외모 때문이라고 얘기한다. 그러나 난 그렇게 생각하지 않는다. 이전에도 귀엽고 사랑스러운 이미지의 아나운서들은 얼마든지 있었기 때문에 그녀가 사랑받는 이유를 외모에서만 찾을 수는 없다.

나는 그녀가 사람들에게 사랑을 받는 이유를 자신의 부족함까지 투명하게 드러내는 솔직함 때문이라고 생각한다.

강수정은 솔직한 방송을 한다. 지금은 종영된 KBS「해피선데이」의 '여걸 식스'에서 보여 줬던 모습이 가장 대표적이다. 그녀는 남자 출연자들에게 적극적으로 애정공세를 펼치기도 하고 얼굴을 붉히기도 하면서 여느 연예인처럼 행동했다. 물론 프로그램 기획의도에 따라 연출된 부분도 있었지만, 그녀 자체가 솔직한 사람이기에 그렇게 행동할 수 있었던 것이다.

예전에 그녀가 진행했던 KBS 2TV「연예가 중계」에서 이런 일이 있었다. 연예계에서도 몸매가 뛰어나기로 소문난 배우 한채영의 소식을 전한 후, 그녀가 갑자기 자신도 'S라인' 몸매라고 폭탄발언을 했다. 공동진행자 김제동을 비롯하여 리포터들은 의아한 표정으로 그녀를 바라봤고, 이에 강수정 아나운서는 "제 S라인은 쏘리(Sorry)라인이에요"라고 말했다. 현장이 웃음바다가 됐음은 물론이다.

또 한번은 지금은 막을 내린 KBS COOL FM「강수정의 뮤직쇼」에서 "밤이 되면 모든 사람이 나를 좋아한다고 착각하는 오버병과 착각병이

심해진다"고 고백하기도 했다.

　이렇게 자신의 부족한 부분을 인정하고 표현하기 때문에 사람들은 그녀를 보면서 투정을 부리는 연인 같고, 사랑스러운 여동생 같고, 마음 편한 친구 같은 느낌을 받는 것이다. 즉 강수정 아나운서는 솔직함으로 반듯하고 완벽할 것 같은 아나운서에 대한 편견을 깨뜨려 많은 사람과 소통을 시도한 것이다.

　신세대 아나운서로 솔직한 매력을 보여 주는 또 한 사람은 KBS 아나운서 출신의 배우 최송현이다. 결혼과 프리랜서 활동으로 KBS를 떠난 노현정과 강수정 아나운서의 뒤를 잇는 스타급으로 성장한 그녀는 진행자가 아닌 게스트로 출연한 여러 프로그램에서 그녀만의 솔직 담백한 모습을 선보여 화제를 모았다.

　먼저 그녀는 아나운서들의 감춰진 모습들을 진솔하게 엮은 프로그램 「앙케이트쇼 아나운서의 비밀」에서 개그맨 이수근과 함께 개그코너 '키 컸으면'을 재치 있게 소화해 냈다. 방송에서 자신의 작은 키를 스스로 패러디해서 보여 주는 것은 여자 아나운서로서는 쉽지 않은 일일 수도 있는데, 그녀만의 솔직함으로 승부해 오히려 많은 사람들로부터 친근감과 호감을 얻은 것이다. 「해피투게더 시즌3」에서도 아나운서로서의 완벽한 이미지에서 탈피해 화장기 없는 얼굴에 깜짝 섹시 웨이브 댄스까지 보여 주어 시청자들의 눈길을 사로잡았다.

　나와 공부할 때도 그녀는 솔직함으로 사랑받는 제자였다. 자기 생각을 주저 없이 솔직하게 표현하면서 타인의 시선에 당당해 상대방에게 믿음을 주곤 했다.

MBC의 인기 아나운서 서현진도 솔직한 매력을 지녔다. 미스코리아 선 출신인 그녀는 자신의 모습을 솔직하게 드러내면서 기존의 단정한 아나운서 이미지에 새로움을 선사하고 있다.

서현진 아나운서는 「지피지기」 프로그램에 게스트로 출연해 폭탄주를 20잔 이상 마신 적이 있다고 털어놓아 출연자들을 놀라게 하는가 하면 술을 많이 먹고 필름이 끊겨 짝이 맞지 않는 신발을 신고 마포대교를 걸은 적이 있다고 밝히기도 했다. 그녀의 솔직함은 여기서 끝나지 않았다. 대학시절에는 221번의 미팅을 했었고, 딱지를 맞은 적도 있다고 말해 출연진을 웃음의 도가니로 몰아넣기도 했다. 또한 「신비한 TV 서프라이즈」 등을 진행하며 빠르게 성장한 그녀를 MBC 아나운서 국장을 지낸 성경환 TBS 교통방송 대표는 한 인터뷰에서 이렇게 평가했다.

"털털한 성격이 돋보이면서 예능 프로그램에서 발군의 끼를 발휘하고 있다. 특히 아나운서와 연예인의 경계에서 아나운서만의 품위를 버리지 않는 모습이 돋보인다."

서현진 아나운서의 당당한 솔직함이 발전의 이유임을 보여 주는 대목이다.

방송 실수를 솔직함으로 승부해 오히려 호감을 얻은 아나운서도 있다. SBS의 박은경 아나운서가 바로 그런 경우. 2006년도 SBS '올해의 아나운서'에 뽑히기도 했던 실력 있는 그녀가 방송 실수를 낸 건 자신의 라디오 프로그램 「박은경의 파워플러스」에서였다.

물론 큰 실수는 아니었다. 박은경 아나운서는 갑자기 말이 엉겨서 멘트 중에 나온 '첫 출장'이라는 단어를 계속 잘못 발음했다. 그냥 슬쩍 넘어갈 수도 있었는데, 그녀는 "어떡하죠, 여러분? 저 아나운서 맞아요? 이런" "천천히 다시 해 볼게요. 첫, 출, 짱, 때처럼…… 어~ 치읓이 이렇게 많으니까 힘드네" "여러분, 다 한번 해 보세요. 쉽지 않아요"라며 솔직하고 재치 있게 실수를 넘겼다. 이런 사실은 한동안 인터넷에 널리 회자되었고, 오히려 사람들은 그녀의 솔직한 매력에 박수를 보냈다.

사람은 누구나 솔직한 사람에게 너그러워진다.

가령 친구 A, B가 있다고 하자. A는 여러 면에서 완벽하고 현명해 친구들의 상담사 역할을 한다. 하지만 자기 얘기는 하지 않는다. 반면 B는 어수룩하고 실수도 잦고 무슨 일을 할 때마다 친구들에게 상의를 한다.

당신은 누구와 마음을 털어놓고 싶고, 곁에 있고 싶은가? A를 동경하고 부러워할지 모르나, 부족하지만 솔직한 B에게 더 인간미와 친근함을 느낄 것이다.

그러니 만약 다른 사람들에게 좋은 이미지를 심어 주기 위해 당신의 본모습을 가리고 중무장했다면 어깨의 힘을 빼라. 많은 이들이 완벽하고 흐트러짐 없는 모습을 좋아할 것이라고 생각하는데, 꼭 그렇지만은 않다. 똑똑하고 프로페셔널한 모습이 지적이고 세련돼 보이기는 하나 사람들은 여유롭고 솔직하며 인간미 넘치는 모습을 더 매력적으로 느낀다.

권위적이고 근엄해 보이는 대통령이, 딱딱하고 냉철해 보이는 CEO가 자신의 어린 시절이나 실수담을 꺼내 분위기를 화기애애하게 만든다고 생각해 보라. 사람들은 "대통령이 품위 없게 저게 뭐야?" "CEO가 CEO다워야지"라고 하기보다는 '여유롭고 멋진 사람'이라고 생각하지 않을까.

사람은 독야청청 홀로 사는 존재가 아니라 서로 부대끼면서 살아가는 존재다. 상대와 소통할 줄 모르는 사람은 아무리 완벽해도 상대에게 호감을 줄 수 없다.

만약 지금 당신이 사람들과 소통하지 못하고 겉돈다면 오픈 마인드를 가지고 상대에게 다가서 보라. 당신이 틈을 보이면 상대는 비난하는 것이 아니라 그 공간을 메워 주기 위해 당신에게 한 걸음 다가올 것이다.

나를 브랜드화한다, 자기표현력

어느 날 신문을 읽다가 이런 흥미로운 기사를 발견했다.

'세계적인 시사 잡지 『타임Time』은 2006년 올해의 인물로 '당신'을, 최고의 발명품으로는 일반인들이 직접 찍은 동영상 공유 사이트인 미국의 '유투브'를 선정했다.'

게다가 기사에 의하면 유투브는 방송사가 제작한 콘텐츠 양을 앞질러 미국의 최대 인터넷 업체인 구글에 무려 16억 5,000만 달러에 매각되었다고 한다.
나는 갑자기 호기심이 발동하여 그와 관련한 기사를 검색했다. 그랬더니 이러한 현상은 미국뿐만이 아니었다. 국내의 판도라TV, 곰TV, 엠

군, 아프리카, 엠엔케스트 등 UCC 업체들이 급성장하고 있고, 특히 판도라TV는 월 평균 방문자 수가 160만여 명에 이르고 해외 투자회사로부터 60억 원의 투자를 유치했다고 한다.

또한 상업적 목적 없이 순수하게 자신을 표현하기 위해 동영상을 UCC에 올렸다가 스타가 된 사람도 많고, 이를 경제적인 이득과 연결시킨 사람들도 심심치 않았다.

나는 이 기사들을 읽으면서 요즘 사람들이 얼마나 자기를 표현하는 데 적극적인지, 이 시대가 자기표현을 하는 사람들을 얼마나 주목하는지 새삼 놀랐다. '다음 대통령은 UCC에서 나온다'는 한 신문 기사의 헤드라인을 읽고 선뜻 이해가 가지 않던 나는 저절로 고개가 끄덕여졌다.

이처럼 요즘은 자기표현을 중요하게 여기다 보니 인재상도 많이 변했다. 한 취업 포털 사이트에서 '기업이 원하는 인재 10가지 유형'을 발표했는데 패기 있는 사람, 진취적인 사람, 친화력이 있는 사람, 자기계발을 꾀하는 사람, 책임감이 있는 사람, 유연한 사고와 창의력이 있는 사람, 대인 접촉 능력이 있는 사람, 올바른 가치관을 가진 사람, 건강한 심신을 가진 사람, 표현 능력이 있는 사람을 인재로 꼽았다.

자신의 색깔을 버리고 조직문화에 순응하며 맡겨진 일을 충실히 하여 우수한 인재로 인정받았던 시절과 비교한다면 '표현 능력이 있는 사람'은 쉽게 이해가 가지 않는 부분이다. 하지만 기업들은 표현 능력이 떨어지는 사람은 의사소통 등이 원활치 않아 조직에 부정적인 영향을 미치고, 자기표현을 잘하는 직원이 많을수록 기업의 발전 가능성이 높다고 보고 있다. 그래서 요즘 기업들은 자기표현을 잘하는 사람을 선호한다.

남녀를 불문하고 나를 얼마나 잘 표현하느냐에 따라 성공이 좌우될 만큼 자기표현력이 중요한 시대에 살고 있는 셈이다.

예를 들어 가수 이효리를 보자. 그녀는 그룹 핑클에서 활동할 때보다 솔로로 독립한 이후에 더욱 인기를 끌고 있다. 핑클 멤버 중에 가장 큰 빛을 본 스타라 할 수 있다. 그녀가 핑클 멤버 중 가장 성공할 수 있었던 이유는 무엇일까?

나는 그 이유를 자기표현으로 본다. 그녀는 자신을 강하게 어필할 수 있는 수단을 잘 파악하고 이를 멋지게 표현했다. 그녀는 '섹시함'을 콘셉트로 설정하고 노래, 안무 등을 짤 때도 이 콘셉트를 부각시키는 데 집중했다. 가수로서 다른 능력이 부족함에도 불구하고 높은 인기를 끌 수 있었던 것은 자신이 가지고 있는 것 중 가장 자신 있는 점을 효과적으로 표현했기 때문이다.

그녀의 뛰어난 자기표현 능력은 무대 밖에서도 빛을 발한다. 그녀는 여자 연예인으로서는 '감히' 얘기하지 못하는 엽기적인 발언들도 솔직하게 털어놔 인간적이고 소탈한 면을 부각시켰다.

예를 들어 그녀는 SBS의 한 심야 프로그램에 나와 무대에서 방귀 뀐 얘기를 하면서 "삼겹살을 먹은 후에 방귀 냄새가 더 지독하다"고 하는가 하면, 키스를 잘하고 싶어 잡지에 나온 내용을 따라 혀로 종이학을 접는 연습을 했는데, 실제로 종이학을 접는 느낌으로 키스를 했다가 남자친구에게 무안을 당했다고 고백했다.

이 외에도 자신의 술버릇에 대한 얘기, 남자친구가 던진 꽃게에 다리가 찍힌 얘기 등 여자 연예인들이 낯 뜨거워서 차마 말하지 못하는 얘기를 그녀는 거리낌 없이 했다. 어떤 프로그램에서든 효과적으로 자기표현을 했기에 그녀는 지금의 자리에 오를 수 있었던 것이다.

이렇듯 자기를 어떻게 표현하느냐에 따라 개인의 브랜드 가치가 결정되고, 그것이 곧 성공으로 이어지는 것을 자주 목격하다 보니 사람들은 자신을 드러내는 데 더욱 과감해지고 기술도 점점 발달하고 있는 상황이다. 하지만 중요한 점을 간과하고 있는 면도 없지 않다. 자기표현을 단순히 '나를 솔직하게 드러내는 것'이라고 여기는 점이다.

일반적인 생각과 달리 자기표현은 타인에게 나를 알리는 것뿐만 아니라 상대방이 어떻게 받아들일 것인가까지 염두에 두고 해야 한다. '나는 보여 줄 것 다 보여 줬어. 이제 됐지?'라며 타인이 수용하든 말든 신경 쓰지 않는 자기표현은 효과가 없다.

혹시 다른 사람에게 '난 당신이 어떤 사람인지 모르겠어'라는 말을 자주 듣지 않는가. 혹은 자신 스스로 '왜 세상은 날 알아주지 않는 거야?'라는 말을 입에 달고 살지 않는가. 그렇다면 나를 알아주지 않는 세상을 향해 불만을 터뜨릴 것이 아니라 자기를 제대로 표현하고 있는지 되돌아보고, 문제가 있다면 바꿔야 한다. 그런 말을 듣거나 내뱉는다는 것은 자기를 분명하고 적절하게 표현하지 못하고 있다는 증거이니까 말이다.

그렇다면 어떻게 해야 나를 알리면서 상대도 저절로 고개를 끄덕일 수 있는 자기표현을 할 수 있을까.

누구나 공감할 수 있는 자기표현력을 가져라

다른 사람의 인격과 입장을 존중해 주는 '공감적 자기표현'을 해야 한다. 물론 나와 코드가 맞는 사람만 만나고, 만족스러운 상황에만 부딪친다면 마음대로 자기표현을 해도 상관없다. 그런데 세상이 어디 그런가. 미소를 지으며 미워하는 사람을 만나기도 해야 하고, 가고 싶지 않은 자리에 참석도 해야 한다. 이런 세상 속에서 절제하지 않고 자기 식대로 표현을 하면 어떤 사람과도 좋은 관계를 만들어 나갈 수 없다.

결국 사람들에게 좋은 이미지를 주고 어떤 분야에서든 성공을 하려면 자기를 표현하되 상대방의 권리와 인격을 존중하여 공감을 얻어 낼 수 있어야 한다.

이러한 자기표현을 잘하는 사람들이 바로 아나운서들이다. 그들은 사람들에게 공감을 줄 수 있는 자기표현을 하기 위해 방송을 진행할 때 두드러진 옷차림, 말투, 행동을 하지 않는다. 물론 아나운서에게 있어 자기를 표현할 줄 아는 능력은 빼놓을 수 없는 자질이지만, 방송 의도를 무엇보다 우선시한다. 왜냐하면 방송 의도란 출연자들을 비롯한 시청자들을 하나로 묶는, 공감대 형성의 구심점이기 때문이다. 때문에 방송 의도를 벗어난 자기표현을 하면 방송으로서의 가치가 떨어진다.

가령 사람들에게 가슴 따뜻하고 진솔한 얘기를 전달해야 할 프로그램을 진행하는데, 화려하고 노출이 심한 옷을 입고 나와 출연자의 얘기는 들어주지 않고 내 말만 하게 되면 방송으로서의 가치는 감소한다.

실제로 사람을 찾아 주는 모 방송 프로그램에서 여자 진행자가 방송

의도에 맞지 않는 옷차림을 하고 나와 시청자들의 눈살을 찌푸리게 한 적이 있었다. 그날 그녀는 한껏 웨이브를 넣은 풍성한 긴 머리를 늘어뜨리고, 파티복을 연상케 하는 드레스와 화려한 귀고리와 목걸이 등을 착용하여 시청자들의 눈물샘을 자극해야 할 프로그램 의도에 전혀 맞지 않는 옷차림을 하고 있었다. 수수한 옷차림으로 나온 남자 진행자는 출연자들과 함께 울고 기뻐하는데, 그녀는 방송 의도에 맞지 않는 옷차림 때문에 시원하게 울지도 웃지도 못했다.

그렇다고 사람들의 공감을 얻기 위해 지나치게 단점을 가리고 자기 장점만 보여 주려고 해서는 안 된다. 연인처럼 일대일의 관계에서는 신비스러운 이미지가 매력으로 작용할 수도 있지만, 사회생활을 하는 데 있어 베일에 가려진 사람은 "도대체 저 사람 속은 도통 알 수 없어" "너무 가식적이잖아"라는 식의 부정적인 느낌을 줄 수 있다. 나를 투명하게 개방하되 상대방이 긍정적인 마음으로 받아들이게끔 만들어야 한다.

그렇다면 이런 자기표현력을 기르려면 어떻게 해야 할까.

타고날 때부터 자기표현을 잘하는 사람은 없다

공감적 자기표현력을 기르려면 많은 '훈련'이 필요하다.

자기표현을 하는 데 서툴렀던 나는 학교에서 발표라도 할라치면 뒤로 숨기에 바빴고, 앞에 나가면 너무 떨려서 머릿속이 백지 상태가 됐다. '잘못하면 어쩌나' '가만히 있으면 중간이라도 가는데'라는 두려움이 앞서 차마 표현하지 못했다. 그래서 발표 시간이 끝나면 항상 후회를 했다. 나 스스로도 "침묵은 금"이라는 말을 듣고 자랐기 때문에 말이 많은 사람은 실속 없는 사람으로 여겼고, 과묵한 사람은 뭔가 있는 사람으로 생각했다. 게다가 아버지가 워낙 과묵했기 때문에 나를 표현할 기회가 많지 않았다.

그런 내가 자기를 표현하는 능력을 길러야겠다고 결심하게 된 계기는 바로 대학방송을 하면서 내가 한 말 한마디에 각양각색의 피드백이 오는 방송의 매력에 푹 빠지고부터다. 그때부터 나는 사람들 앞에 나서서 일부러 얘기도 하고, 고른음을 내는 연습을 하고, 발음을 정확하게 구사하려 노력하고, 조리 있게 말하는 연습을 했다. 이를테면 말을 논리정연하게 하기 위해 나는 한 가지 주제를 가지고 30초, 1분, 20분, 혹은 1시간을 정해 두고 말하는 훈련을 했다.

스피치뿐만 아니라 자기표현의 중요한 부분을 차지하는 겉모습을 표현하는 능력을 기르는 일도 게을리하지 않았다. 여느 대학생들처럼 청바지에 티셔츠를 즐겨 입었던 나는, 보다 호감 가는 이미지를 줄 수 있는 옷차림을 하기 위해 나름대로 공부도 하고 시험 삼아 코디를 해서 입어 보기도 했다.

비단 이것은 나에게만 해당되는 얘기가 아닐 터이다. 대학 강단에서 많은 대학생들을 만나는 나는 훈련이 자기표현력을 기르는 유일하고도 효과적인 수단임을 수시로 느낀다. 앞에 나서서 말하는 것이 두렵고 싫어서 발표하기로 한 날에 대거 결석을 하던 학생들도 끊임없이 수업을 받고 발표하는 연습을 하면 처음보다 훨씬 나아진다.

아나운서들은 바로 이러한 훈련을 누구보다 열심히 한 사람들이다. 이런 훈련이 없으면 카메라 너머에 있는 시청자들에게 감정을 제대로 전달할 수 없다. 카메라를 통해 감정을 전달하려면 얼굴을 맞대고 대화를 할 때보다 어마어마한 표현력이 필요하기 때문이다.

음식을 먹을 때 어떤 재료가 들어갔는지 알지 못하면 젓가락이 편안하게 가지 않게 마련이다. 마찬가지로 사람들에게 나를 제대로 알리지 못해 알쏭달쏭한 이미지를 구축하면 원만한 관계를 형성할 수 없고 성공하기 어렵다. 그러니 지금 당장 염려스러운 마음을 떨쳐 버리고 아나운서들처럼 자기를 표현하는 훈련을 하자. 그러면 아나운서처럼 나도 만족스럽고 상대도 만족스러운 자기표현을 할 수 있을 것이다.

완벽을 향한 프로페셔널함은 사람을 매혹시킨다
정은아, 김주하, 이정민, 박지윤…

자신의 진정한 능력과 가치를 발휘할 수 있는 기회일 수 있는 아나운서들의 프리랜서 선언. 하지만 프리랜서 활동은 오로지 실력으로만 승부해야 하기 때문에 모험일 수도 있는 터이기에 쉽지 않은 일이다. 그런데 이 모험에 도전장을 던진 후 가장 성공했다고 평가받는 경우는 누구일까.

많은 사람들이 프리랜서로 가장 성공했다고 인정하고 나 역시 그렇게 인정하는 아나운서는 바로 정은아 아나운서이다. SBS의 「정은아 김승현의 좋은 아침」과 KBS 「비타민」을 진행했던 그녀의 방송은 여러 게스트가 나와도 산만하지 않고 참으로 안정감 있고 편안한 느낌이 들었다. 한마디로 신뢰감이 느껴지는 방송을 한다.

정은아 아나운서가 이처럼 사람들에게 믿음을 주는 것은 아나운서라는 직업적 특성 때문일 수도 있지만, 무엇보다 그녀가 보여 주는 프로페셔널함이 주된 이유다.

실제로 마흔을 넘은 아줌마이면서도 그녀의 모습은 한 치의 흐트러짐도 없다. 그래서 주위를 보면 그녀에 대한 궁금증을 가진 이들이 많다. "저 나이에도 어쩌면 저렇게 날씬할까?" "방송을 어쩌면 저렇게 자연스럽게 진행할까?" 등 그녀는 멋진 커리어우먼을 꿈꾸는 여성들에게 동경의 대상이다.

그렇다면 그녀의 프로다운 이미지는 어디에서 오는 것일까?

완벽을 향한 끊임없는 노력은 능력으로 이어진다

그 비결은 '완벽을 향한 끊임없는 노력'이 아닐까 싶다.

그녀는 방송계에 입문한 지 23년이 된, 아나운서계에서 맏언니에 속한다. 그런데도 그녀는 신입 아나운서들 못지않게 방송에 대한 열정이 크고, 완벽한 방송을 위한 노력 또한 대단하다.

언젠가 한 기자가 그녀에게 점점 젊어지는 비결이 무엇이냐고 물은 적이 있었다. 그녀는 이 질문에 "아나운서들은 방송과 함께 진화하고 시청자와 함께 변하기 때문에 젊어 보이는 것도 방송인의 의무"라고 답했다. 덧붙여 "시청자들이 내가 진행하는 프로그램을 보고 적어도 두 줄의 정보를 기억할 수 있도록 고심하고 또 고심한다"고 했다.

그녀의 방송이 물 흐르듯이 자연스럽고, 친숙하고, 따뜻하고, 사람 냄새 나고, 그러면서도 품격이 느껴지는 것은 모두 이러한 고민과 노력의 결실이다.

완벽을 향해 끊임없이 노력하는 프로패셔널함은 그녀가 자신의 팬클럽에 띄운 글만 봐도 잘 알 수 있다. 그녀는 2005년 새해를 맞으며 팬들에게 '방송을 보며 일에 대한 자신의 열정에 스스로 놀라고, 늘 게을러지거나 나태해지지 않도록 자신을 일깨운다'고 얘기했다. 또 '자신이 꿈꿨던 미소와 목소리를 가지려면 얼마나 노력해야 할지 모르겠다'는 고백도 했다. PD들에게 "어떤 프로그램을 맡겨도 신뢰감이 가고, 정보와 재미를 동시에 전달할 줄 아는 훌륭한 아나운서"라는 평을 듣는 정은아 아나운서가 한 말이다. 진정한 프로가 아니고서야 어떻게 이런 생각을 할 수 있겠는가.

MBC 「뉴스데스크(주말)」 최초의 여성 단독 앵커로 발탁되었던 김주하 아나운서. '여성 앵커'로 불리기보다 '앵커'로 평가받는 것이 중요하다고 말하는 김주하 아나운서 역시 완벽함을 지향하는 프로다. 아나운서로 시작한 그녀는 뉴스 앵커로 보다 확실한 전문성을 살리기 위해 보도국 사회부로 자리를 옮겨 쉽지 않은 기자 생활을 해냈을 뿐 아니라 아이를 낳고 육아휴직 후에도 당당하게 복귀에 성공해 많은 이들의 기대를 받고 있다.

김주하 아나운서는 한 인터뷰에서 "미국의 세계적인 앵커 바바라 월터스 Barbara Jill Walters 같은 앵커가 되길 바라고, 그렇게 되기 위해 노력하면서 주어진 일에 최선을 다해 살고 있다"고 말했다. MBC의 이진

숙 워싱턴 지사장은 '여성의 벽, 직종 간의 벽, 출산의 벽' 등 많은 장애를 넘어선 그녀의 어깨에 후배 여성들의 미래가 달려 있다고 평했다. 굳이 그 말을 빌지 않더라도 김주하 자신의 말처럼 '취재하면서는 안 될 것 같다고 하면서도 결국 물면 끝까지 놓지 않는, 해 오고야 마는 근성'을 갖춘 그녀는 이미 대한민국 여성들의 희망이다.

KBS의 인기 프로그램 「스펀지」를 진행했던 이정민 아나운서도 이전에 그 프로그램을 진행했던 황수경, 김경란 아나운서 등 KBS를 대표하는 여자 아나운서들에 뒤처지지 않는 세련된 진행으로 인기를 모았다.

아나운서 시험을 준비하던 아카데미 시절에도 목이 쉴 만큼 뉴스 낭독 연습을 하곤 했던 그녀의 프로다움이 두각을 나타낸 것은 「비바 K-리그」 최초 여성 진행자를 맡으면서부터. 한 주간의 K-리그 소식을 묶어 전해 주는 축구 전문 프로그램인 「비바 K-리그」는 2007년부터 새로움을 주기 위해 남녀 MC 체제로 단장했는데, 그녀는 축구에 대한 애정을 바탕으로 활기차게 진행해 프로그램에 기운을 불어넣었다.

함께 「비바 K-리그」를 진행했던 이광용 아나운서는 한 인터뷰에서 이정민 아나운서에 대해 이렇게 말했다.

"방송은 원래 믿음을 기반으로 하는 것인데, 정말 조금도 의심할 여지가 없는 진행자라는 생각을 해요. 저는 지난 2006년부터 「비바 K-리그」를 진행했었는데, 여자 아나운서와 진행을 함께 한다고 이야기를 들었을 때 망설임 없이 이정민 아나운서를 택했어요."

방송 스태프들에게도 항상 먼저 인사하고 모두를 즐겁게 해 주었다는 그녀, 이제는 교양, 스포츠, 정보 등 다양한 분야의 프로그램을 맡아 최선을 다하는 모습에서 나는 진정한 프로의 모습을 본다.

사람들에게 사랑받고 주목받는 위치에 이르는 데는 결코 우연이란 없다. 몇백 대 일이 넘는 경쟁률을 뚫고 아나운서가 된 사람들이라면 모두 완벽을 지향하는 프로패셔널의 기질이 있다고 할 수 있다. 그런데 특히 그중에서도 아나운서가 되기 위해 누구보다 열정적으로 준비했던 KBS 아나운서 출신의 방송인 박지윤의 이야기를 하지 않을 수가 없다. 나는 매일 그녀를 보면서 신뢰할 만한 사람, 훌륭한 아나운서가 될 재목이라는 믿음을 가졌다. 특히 그녀의 성실한 모습에 나는 그녀에 대한 확고한 믿음을 가졌다.

아나운서 지망생 시절, 그녀의 별명은 '3분 스피치의 여왕'이었다. 아카데미 안에서 3분 스피치만큼은 그녀의 실력을 따라올 사람이 없었다. 그런데 이는 선천적으로 그녀가 화술에 뛰어나서가 아니라 피나는 노력의 결과였다. 그녀는 늘 두터운 노트 여러 권에 여러 가지 질문을 뽑아 자필로 빽빽하게 3분 스피치에 대처할 수 있도록 답안을 적어 연습을 했다. 또 때와 장소를 가리지 않고 강사들의 모든 말을 받아 적었고, 몸매를 날씬하게 만들기 위해 하루도 빠짐없이 운동을 했다. 그래서 그녀와 함께 공부하던 동료들은 "저렇게 공부하면 안 될 사람도 아나운서 되겠다"라며 경탄해 마지않았다. 이토록 모든 일에 최선을 다하는 사람이 어떻게 성공하지 않을 수 있겠는가.

천재는 노력하는 자를 이길 수 없고, 노력하는 자는 즐기는 자를 이길 수 없다고 했다. 나는 지망생들을 교육하면서 이 점을 뼈저리게 느낀다. 다른 학생들보다 실력이 월등했던 사람이 노력하는 사람에게 뒤처지는 것을 수없이 목격했고, 그럴싸한 직업이 갖고 싶어 아나운서가 되고자 하는 사람보다 정말 하고 싶어 아나운서를 꿈꾸는 사람이 결국 최종 목표에 도달하는 모습을 자주 봐 왔다.

그래서 나는 실력이 출중한 사람보다 완벽함을 지향하는, 열정이 넘치는 지망생들의 가능성을 믿는다. 또 그 믿음은 거의 빗나간 적이 없다. 그러니 지금 당신이 남들보다 실력이 모자라고 뒤처지더라도 주눅들지 말라. 당신이 하고 있는 일에 자긍심과 자부심을 갖고 끊임없이 노력하면서 즐긴다면 어느 자리에서든 프로로서의 면모를 갖출 수 있을 것이다.

나를 돋보이게 하는 힘, 능력

2006년 독일월드컵 하면 떠오르는 게 무엇인가? 아마도 붉은 악마, 응원가, 해설위원이 아닐까 싶다. 그중 MBC 월드컵 중계를 맡았던 차범근, 차두리는 부자지간이라는 사실뿐만 아니라 솔직하고 재치 넘치는 해설로 사람들의 눈길을 끌었다. 덕분에 MBC 월드컵 중계는 타 방송국보다 훨씬 높은 시청률을 기록했다. 그러나 차범근, 차두리 부자가 주목을 받을 수 있었던 데는 한 사람의 힘이 크게 작용했다. 바로 MBC 아나운서 출신의 방송인 김성주다.

당시 김성주 아나운서는 보통 10년차 이상의 경력을 가진 베테랑 아나운서가 한다는 1진 캐스터를 맡아 뛰어난 순발력과 노련미, 축구에 관련된 해박한 지식으로 매끄럽게 프로그램을 이끌어 나갔다. 그가 경력이 부족함에도 화려한 경력과 실력을 갖춘 선배 캐스터들을 제치고 1

진 캐스터를 맡게 된 것은 MBC 방송국이 파격적인 기용을 했기 때문이기도 하지만, 김성주 아나운서가 캐스터로서의 능력이 출중했기 때문.

그는 딱딱한 다른 캐스터들과 달리 전문적인 지식에 인간적이고 친근한 이미지, 해설자를 존중하는 언어를 구사하여 다른 캐스터들과 차별화된 능력을 보여 주었다. 이러한 점들이 차범근, 차두리 부자가 자연스럽게 해설을 하는 데 기여했고, 화제가 되었던 차두리 어록이 나오는 데 결정적인 역할을 했던 것이다.

원래 김성주 아나운서는 MBC에 입사하기 전에 3년 동안 스포츠 케이블 TV에서 중계방송을 했던 경험이 있다. 그 덕분에 월드컵 중계진에 합류하지 못했지만 2002년 한일월드컵 때 우리나라와 터키 3, 4위전 경기의 해설을 맡는 기회를 얻을 수 있었다.

그 당시 그는 누구보다 정확하게 중계를 했음은 물론, 중계석 모니터와 준비한 자료에만 의지하는 다른 일부 캐스터들과 달리 카메라에 포착되지 않은 재미있는 정보까지 전달하는 기지를 발휘했다. 함께 중계를 했던 차범근 해설위원이 그의 중계 실력에 대해 칭찬을 아끼지 않을 정도였다. 이러한 능력이 뒷받침되었기에 그는 다른 캐스터들에 비해 짧은 경력에도 불구하고 10년차가 넘는 베테랑만 할 수 있다는 1진 캐스터가 될 수 있었던 것이다.

이처럼 능력은 어떤 곳에서든 나를 돋보이게 하는 힘을 가지고 있다. 장사를 하는 사람은 물건을 파는 능력이 있어야 돋보이고, 어부는 고기를 잘 잡아야 돋보이고, 직장인은 업무를 수행하는 능력이 있어야 돋보이고, 사장은 회사를 경영하는 능력이 있어야 돋보이는 법이다. 때문에 어떤 분야에서든 성공을 하려면 능력을 갖추는 일은 필수다.

김성주 아나운서의 경우처럼 아나운서에게도 능력은 중요한 자격 요건 중 하나다. 정확한 발음으로 표준어를 구사할 줄 알아야 하고 맞춤법, 단어의 고저, 정확한 판단력, 폭넓은 지식 등 다양한 능력을 갖추고 있어야 한다. 예를 들어 아나운서가 표준어를 쓰지 않고 사투리로 "이번 수능시험은 단디 봐야겠습니다"라든가 "날씨가 겁나게 춥네요. 감기 조심하세유"라고 뉴스를 한다고 하자. 또는 결정을 내려야 할 때 머뭇거리거나 일반인들보다 아는 것이 없다고 생각해 보라.

결국 아나운서를 꿈꾸는 사람들은 부족한 능력을 보완하기 위해 정精과 성誠을 다해야 한다. 다행스럽게도 노력 여하에 따라 능력은 얼마든지 향상될 수 있다.

아나운서 시험 준비를 할 당시, 나는 학교에서 나름대로 인정을 받고 있었기 때문에 시험 당일 전까지만 해도 자신만만했었다. 그런데 이게 웬일. 나 혼자 우물 안 개구리였다.

외모에서 옷차림, 실력까지 다른 사람들에 비해 아나운서로서의 내 능력은 너무도 부족했다. 옷조차 제대로 갖춰 입지 않은 나는 주눅이 들어 시험을 제대로 볼 수 없었고, 낙방의 쓴맛을 봐야 했다. 이후 오랜 방황을 했고, 그러던 중 우연히 대학 선배를 만나 이런 말을 듣게 되었다.

"대충 해서는 원하는 것을 얻을 수 없다. 이것이 마지막 기회라고 생각하고 능력을 키워 아나운서에 다시 도전해라."

그 선배의 말에, 내 능력이 부족했던 것은 생각지 않고 세상 탓만 하며 방황을 했던 나 자신이 너무 부끄럽게 느껴졌다. 이후로 나는 모든 것을 걸고 능력을 키우는 데 최선을 다했고, 마침내 태산처럼 높게만 보이던 아나운서 시험에 당당하게 합격하게 되었다.

물론 자신의 능력이 무엇인지조차 알지 못하는 사람들에게는 그것을 찾는 일이 우선되어야 할 것이다. 자기 능력도 모르고 능력을 키운다는 것은 어불성설이니까 말이다.

지금 이 순간, 자신의 존재를 인정받고 싶다면 자기 안의 능력을 파악하고 그 능력을 키워라. 능력만이 당신을 최고로 만들어 줄 것이다.

많이 넘어지고 깨지고 부딪쳐라

자신의 핵심능력을 찾는 가장 좋은 방법은 경험이 아닐까 싶다. 엄마들이 아이를 이 학원, 저 학원으로 보내는 이유가 무엇일까? 우리 아이가 다른 아이보다 뒤처지지 않기를 바라는 마음에서? 아니면 다른 집 아이도 하니까? 물론 그런 이유도 있겠지만, 우리 아이가 어떤 재능이 있는지 알기 위한 목적이 가장 크다. 실제로 이런 경험은 아이의 능력을 발견하는 데 많은 도움이 된다.

비단 이것은 아이뿐만이 아니다. 성인도 다양한 경험을 해 보는 것이 자신의 핵심능력을 파악하는 데 많은 도움이 된다.

개그맨 이영자와 함께 MBC 「쇼 서바이벌」을 진행했던 한준호 아나운서는 증권가에서 실력을 인정받을 만큼 유능한 증권맨이었다. 그런데 모 방송사의 증권 소식을 전하는 프로그램을 잠깐 진행하면서 방송 일이 자신의 감성이나 적성에 잘 맞고, 자신에게 아나운서로서의 자질이 있다는 것을 발견하게 되어 아나운서계에 입문한 케이스다.

나 역시 그러한 경우였다. 나는 대학 입학 전까지 부모님이나 선생님의 말씀에 따라 살았다고 해도 과언이 아니다. 덕분에 시행착오 없이 평탄하게 지낼 수 있었지만, 나 자신은 그리 만족스럽지 않았다. 그러던 중 대학에 입학하자마자 교내방송국 아나운서를 모집한다는 얘기를 들었고, 나는 이때 마치 단비가 내리는 듯한 느낌을 받았다.

소극적인 성격 때문에 망설이고 있던 나는 친구의 손에 이끌려 시험을 보게 되었고, 이때 심사를 봤던 선배로부터 목소리가 무척 안정적이라는 칭찬을 듣게 되었다. 그제야 내가 미처 알지 못했던 능력을 발견하게 된 것이다. 그 후로 아나운서밖에 나를 즐겁게 하는 일은 없었고, 여러 번 시험에 떨어지고서도 좌절하지 않고 열심히 하다 보니 아나운서가 되고, 지금의 자리에 이르게 된 것이다.

내가 교육에 능력이 있다는 것을 발견하게 된 계기도 경험을 통해서였다. 알음알음으로 몇 명의 아나운서 지망생들을 모아 교육을 하면서 합격생들을 배출하고, 내 얘기를 듣고 불안을 느끼던 학생들이 자신감을 갖는 모습을 보면서 내게 교육에 대한 남다른 열정과 재능이 있음을 알게 되었다.

그러나 세상에는 나보다 잘난 사람들이 넘쳐 난다. 내 능력을 알았다고 해서, 다른 사람보다 조금 월등하다고 해서 그 능력이 나를 빛나게 하는 것은 아니다. 아나운서처럼 그 능력이 돋보이려면 또 하나의 작업이 필요하다.

올인하는 마음으로 특화된 능력을 키워라

한때 『블루오션 전략』이라는 책이 화제를 모은 적이 있었다. 사회를 읽는 키워드가 될 만큼 이 책은 많은 사람들에게 회자되었고, 사람들에게 생존하려면 경쟁으로 피 튀기는 레드오션을 벗어나 남들이 개척하지 않은 블루오션에 승부수를 던지는 길밖에 없다는 인식을 갖게 만들었다.

그런데 우연히 나는 블루오션을 반박하는 신문기사를 읽게 되었다. 그 기사의 골자는 영원한 블루오션은 없다는 것이었다. 경쟁자 없는 새로운 시장을 개척한다고 해도 얼마 지나지 않아 경쟁자가 나타나기 때문에 곧 레드오션이 된다는 것이다. 그렇기 때문에 레드오션에서도 생존할 수 있는 능력을 키워야 살아남을 수 있다는 것이다. 나는 이 말에 깊은 공감을 했다. 능력을 키우지 않고 블루오션만 찾으려 한다면 어떤 곳에서도 뜻한 바를 이룰 수 없는 것은 자명한 일이기 때문이다. 능력을 특화시켜야 생존할 수 있고, 그러려면 모든 것을 내던지겠다는 각오를 해야 한다고 나는 생각했다. 아나운서들처럼 말이다.

겉으로 보기에 아나운서의 세계는 잔잔한 바다처럼 느껴지지만, 안을 들여다보면 치열하기 이를 데 없다. 모든 시청자들을 아우르고, 변화의 흐름을 따라잡기 위해 끊임없이 능력 향상에 힘쓰기 때문이다. 예를 들어 하나의 지식을 얻으려고 하더라도 사실에만 주목하는 것이 아니라 그러한 일이 일어난 배경을 속속들이 파악하여 흐름을 읽는 공부를 게을리하지 않는다. 만약 판교 신도시의 문제점에 대해 알고자 한다면 지금까지 정부가 추진해 온 정책, 집값 폭등을 막기 위한 수많은 대안들, 판교 신도시를 둘러싼 찬반 의견, 사람들이 신도시 중 판교를 선호하는 이유, 판교 집값이 오르내리는 이유 등까지 이해해야 한다.

이처럼 능력계발에 온 힘을 쏟지 않으면 아나운서의 세계에서 도태되고 만다.

'방송의 달인'이라고 불리는 한 남자 MC는 최고의 베테랑임에도 불구하고 늘 능력을 향상시키는 노력을 게을리하지 않는다. 그는 풍부한 정보를 얻기 위해 바쁜 시간을 내어 독서를 하고, 대본도 그대로 읽지 않고 게스트에게 이런 질문을 했을 때 어떤 대답을 할까 궁리를 한 다음 그에 관련된 자료를 도서관에서 찾는다. 또 밥을 먹거나 술을 마시다가도 자신이 진행하는 프로그램이 방영될 시간이 되면 어떻게 해서든 TV를 보고 꼼꼼하게 모니터를 한다.

이렇듯 현재에 만족하지 않고 끊임없이 능력을 계발했기에 그는 수많은 MC들이 그 생명을 다하고 사라지는 가운데에서도 살아남을 수 있었던 것이다.

비단 이것은 아나운서만의 얘기가 아닐 것이다. 공부를 하지 않아 성적이나 시험에 떨어지는 경우, 자기계발을 게을리하여 승진 시험에서 고배를 마시는 경우, 기술을 개발하지 못해 경쟁업체에 밀리는 경우 등

우리 주위에 능력 부족으로 인해 낙오되는 일이 허다하다. 그렇기 때문에 올인하는 마음으로 능력을 키워야 하는 것이다.

역사상 가장 위대한 첼리스트로 불렸던 파블로 카잘스Pablo Casals는 생전에 매일 6시간씩 첼로 연습을 했던 것으로 유명하다. 95세가 넘은 나이에도 말이다. 그래서 한 기자가 그 이유가 너무 궁금하여 이렇게 물었다.

"선생님께서는 최고의 첼리스트인데, 아직도 하루에 6시간씩 연습하는 이유가 무엇입니까?"

당신은 카잘스가 무엇이라고 대답했을 것 같은가? 그는 기자에게 이렇게 말했다.

"왜냐하면 지금도 내가 발전하고 있다고 생각하기 때문이오."

이러한 마음 자세, 즉 끊임없이 능력을 갈고 닦겠다는 태도를 가질 때 능력은 비로소 찬란하게 빛난다. 하지만 무작정 능력을 키우려 해서는 안 된다. 다른 사람과 차별화된 능력을 키워야 한다.

예를 들어 토끼를 잡아 생계를 유지하는 마을이 있다고 하자. 이러한 환경 때문에 마을사람들은 누구나 토끼를 잡을 수 있고, 그중에서 당신은 토끼를 가장 잘 잡는 사냥꾼이다. 그래서 당신의 능력은 그 마을에서 단연 돋보인다. 하지만 그 능력이 언제까지 빛을 발할까? 사냥이라는 것은 하면 할수록 늘기 때문에 곧 다른 사람들이 당신의 사냥 실력을 따라올 것이고, 실력은 부족하지만 당신의 자리를 대신할 사람은 얼마든지 나오게 마련이다.

현실 속에서도 마찬가지다. 뛰어난 업무처리 능력으로 직장에서 꼭 필요한 존재라고 자신하던 사람들이 어느 날 갑자기 회사에서 쫓겨나는 경우를 심심치 않게 볼 수 있다. 당사자는 이해할 수 없고 부당하다며 억울해하지만, 이는 당연한 결과다. 특화된 능력을 가지지 못하면 자신을 대신할 사람은 수없이 많고, 그래서 회사에서는 불편하기는 하지만 아쉬울 게 없다.

그렇다면 어떻게 특화된 능력을 계발할 수 있을까?

남들이 다 하는 것은 차별화된 능력이 될 수 없으므로 남들이 하지 않는 것, 남들보다 월등한 능력을 집중적으로 키워야 한다.

SBS의 「정은아 김승현의 좋은 아침」과 KBS 「비타민」「경제 비타민」을 진행했던 정은아 아나운서의 경우를 보자. 그녀는 시청자들로부터 전문성이 가장 뛰어난 아나운서라는 평을 들을 만큼 자신만의 능력을 특화한 아나운서다.

사실 아나운서로 선발되었다는 것은 기본적으로 모든 프로그램을 진행할 수 있는 능력을 갖췄다는 의미이다. 때문에 정은아 아나운서도 다른 아나운서처럼 다양한 프로그램을 진행할 수 있다. 그러나 그녀는 자신이 가장 잘할 수 있는 능력을 심화시켜 「비타민」이나 「경제 비타민」처럼 재미와 함께 정보를 주는 프로그램에 가장 적합한 아나운서로 자리매김했다. 덕분에 그녀는 여성 아나운서들 중 보기 드물게 결혼까지 했음에도 오랫동안 시청자들의 사랑을 받으며 활발하게 활동을 하고 있다.

아나운서들처럼 어떤 자리에서든 돋보이고 사랑받는 존재가 되고 싶은가? 그러면 지금이라도 늦지 않았으니 당신의 모든 에너지를 쏟아 특화된 능력을 키워라. 능력으로 계발시킬 만한 재주가 없다고? 그것은 모르는 말이다. 사람은 누구나 특별한 재주가 하나씩 있다. 재주를 매우 거창하게 생각하고, 다른 사람의 재주를 마냥 부러워하기 때문에 당신이 인식하지 못하고 있을 뿐이다.

그러니 다른 사람을 부러워하는 데 시간을 허비하지 말고, 소소하더라도 당신이 가장 잘하는 것이 무엇인지 생각하라. 그러면 특화시킬 수 있는 능력을 발견할 수 있을 것이고, 그 능력은 아나운서처럼 당신을 어떤 자리에서든 돋보이게 만들 것이다.

포근함과 부드러움은 울림이 크다

이금희, 백승주, 정미선, 문지애, 박지윤…

내가 좋아하는 선배 중에 누구에게나 편안함과 따뜻함을 주는 분이 계시다. 그분과 얘기를 하고 있노라면 나빴던 기분도 좋아지고 평온해진다. 그래서 나는 그분을 마치, 언니 혹은 엄마처럼 느낄 때도 있다.

그런데 아나운서 중에도 그런 사람이 있다. 바로 이금희 아나운서다. 나는 아나운서들 중에 나이와 상관없이 가장 폭넓게 사랑을 받는 사람이 이금희 아나운서가 아닐까 싶은 생각이 든다. 그녀는 방송 데뷔 이후 24년 동안 많은 사람들의 사랑을 받아 오고 있다.

그녀의 인기 비결은 바로 포근함과 부드러움이다. 그녀의 목소리를 듣고 있노라면 어느 화창한 봄날 살랑살랑 부는 바람이 뺨을 스치고 지나가는 듯한 느낌을 받는다. 그래서 그녀와 한없이 얘기를 나누고 싶어진다.

사람들의 마음을 흔드는 그녀의 포근하고 부드러운 이미지는 어디에서 오는 것일까?

사랑만큼 가슴을 따뜻하게 하는 것은 없다

이금희 아나운서의 포근하고 부드러운 이미지는 사람을 바라보는 그녀의 '따뜻한 시선'에서 비롯된다고 생각한다. 그녀에게 인간에 대한 각별한 사랑이 없었다면 시청자들을 미소 짓게 하고, 눈물 흘리게 하고, 감동을 주지 못했을 것이다.

방송을 보면서 나는 이금희 아나운서가 사람에 대한 애정이 얼마나 깊은지 수없이 목격한다. 그녀가 사람들에게 주목을 받기 시작한 것은 이산가족을 찾아 주는 프로그램이었다. 분단으로 오랜 시간 떨어져 있던 가족이 만나는 자리인 만큼 방송은 감동적이고 애달프고 가슴이 먹먹했다. 게다가 그녀가 진행자였기에 그 느낌은 더욱 애절했다.

그녀는 다른 아나운서들처럼 반듯하게 서서 진행하지 않고 이산가족들과 함께 바닥에 무릎을 꿇고 앉아 서로 부둥켜안으며 눈물을 흘렸다. 이 모습에 시청자들은 뜨거운 눈물을 흘렸고 이금희 아나운서가 '매우 인간적이고 감동적인 사람'이라고 생각했다. 스스로도 한 인터뷰에서 "생명이 있는 것 모두가 귀하게 여겨진다"며 인간을 각별하게 생각하는 그녀의 철학을 털어놓았다.

또, 다른 사람의 말을 경청하는 그녀의 태도 또한 포근하고 부드러운 이미지를 형성하는 데 큰 역할을 한다. 그녀는 "입보다 귀가 발달한 사람"이라는 말을 들을 정도로 사람들의 얘기를 늘 귀담아듣는다. 「아침 마당」에서 출연자들이 자신의 치부까지 이야기하는 이유가 무엇이겠는가. 진행자인 그녀가 그들의 말을 경청하면서 "정말 마음이 아프셨겠어요" "그랬군요"라고 맞장구를 치며 진심으로 염려하고 공감하기 때문에 출연자들이 마음의 문을 여는 것이다.

상대방을 먼저 배려하는 마음도 그녀를 포근하고 부드러운 사람으로 느끼게끔 만든다. 그녀가 구사하는 멘트를 보면 대개 출연자들이 부담스러워하지 않는 쉽고 편안한 단어를 사용한다. 또한 상대방에 따라 청국장 같은 유머, 맛깔스러운 말을 곁들여 상대방이 흥이 나서 자연스럽게 이야기하도록 유도한다.

기존에 그녀가 맡았던 프로그램과 전혀 다른 성격이었던 「파워인터뷰」도 그녀만의 특유함으로 성공적으로 끝낼 수 있었다. 그녀는 「파워인터뷰」를 자기만의 스타일로 냉철하고 날카로우면서도 인간미 넘치는 프로그램으로 만들었다. 전문적인 느낌을 주는 프로그램에서도 그녀의 포근하고 부드러운 이미지가 녹아 들어간 것이다. 이는 아무나 할 수 없는 그녀만의 능력이다.

보는 사람에게 포근하고 편안한 느낌을 주는 또 다른 아나운서는 노현정 아나운서에 이어 「상상플러스」를 맡으면서 주목받았던 KBS의 백승주 아나운서다. 아침 정보 프로그램 「생방송 세상의 아침」과 라디오 프로그램 「백승중의 상쾌한 아침」을 진행하기도 했던 그녀는, 참으로 우아하면서도 부드러운 이미지를 가졌다. 수줍은 듯 웃는 모습 또한 보는 사람의 마음을 봄눈 녹이듯 풀어 준다.

백승주 아나운서는 한 인터뷰에서 "시청자들에게 친근한 아나운서로 한발짝 더 다가섰으면 하는 바람이 있습니다. 뭐든지 어렵고 딱딱하면 오래오래 이어가기 힘들잖아요. 인간적이면서 사람 냄새 나는 아나운서로 자리매김하고 싶어요"라고 말했다. 백승주 아나운서의 은근하면서 포근한 매력은 바로 이런 그녀의 꿈에서 비롯되는 것이 아닌가 싶다.

「출발 모닝와이드」「문화가 중계」등의 프로그램을 진행했던 SBS의 정미선 아나운서. 그녀 역시 시청자들에게 포근함과 부드러움으로 친근감을 선사하는 아나운서다. 라디오 프로그램「스위트 뮤직박스」로 대중들에게 한발짝 다가서기도 했던 정미선 아나운서는 한 인터뷰에서 이렇게 말했다.

"한순간 반짝하거나 한 시대를 풍미한다기보다는 잔잔하게 늘 곁에 있는 방송인으로 남고 싶다. 인지도가 낮거나 유명세를 타지 못한다 해도 조바심 낼 생각이 없다. 욕심을 내기보다 꾸준히 이어가길 소망한다. 일상의 행복도 놓칠 수 없는 부분이다."

PD가 되기를 희망하면서 시험 삼아 본 아나운서 시험에 한 번에 덜컥 되었다는 평범치 않은 정미선 아나운서. 그녀의 소박하지만 원대하고 아름다운 소망이 소시민들에게 포근하게 어필하는 이유다.

나의 제자이자 MBC 아나운서 출신의 방송인 문지애도 특유의 선한 외모와 소탈함, 솔직함으로 시청자들에게 친근감을 주면서 포근한 이미지를 쌓아 가고 있고, KBS 아나운서 출신의 방송인 박지윤도 초기의 반듯하고 단정한 이미지에서 차츰 벗어나 솔직하고 소탈한 자기를 보여주는 여유를 가지면서 시청자들과의 거리를 좁히고 있다.

한때 나는 카리스마보다 사람을 매혹시키는 것은 없다고 생각했다. 그래서 카리스마가 넘치는 유명인들을 동경했고 그들처럼 되려고 노력했다. 그러다가 어느 순간부터 따뜻함이 차가움보다 강하다는 것을 깨닫게 되었다. 특히 아카데미를 운영하면서 이런 점을 자주 느꼈다. 내가 얼마나 지망생들에게 따뜻하고 인간적으로 다가가느냐에 따라 지망생들 또한 나를 더 신뢰하고 따랐다.

그러므로 다른 사람을 매료시키고 감동시키고 싶다면 포근하고 부드러운 이미지를 갖기 위해 노력하라. 이성보다 감성의 지배력이 더 크기 때문에 당신의 가슴을 얼마나 뜨겁게 달구느냐에 따라 당신의 이미지, 더 나아가 삶이 달라질 수 있다.

나를 먼저 열고 표현한다, 공감 능력

미국의 토크쇼를 보면 매우 특이한 점을 발견할 수 있다. 할리우드 스타들이 토크쇼에 출연하여 대화 도중 기자들에게 일체 얘기하지 않았던 비밀을 털어놓는 모습이다. 톱스타들은 「래리 킹 쇼」에서 연인을 발표하거나 「오프라 윈프리 쇼」에서 스캔들을 인정하거나 「타이라 뱅크스 쇼」에서 실연당한 얘기, 다이어트 실패담을 숨김없이 털어놓는다.

스타들이 쉬쉬하며 그토록 숨기고 싶어 하던 얘기를 토크쇼에 나와 솔직하게 고백하는 이유는 무엇일까? 의도적인 것일까? 물론 그럴 수도 있지만, 나는 함께 대화를 나누는 진행자가 자신의 이야기에 공감할 자세를 보여 주었기 때문에 닫혔던 마음이 열린 것이라고 생각한다.

특히 오프라 윈프리는 공감 능력이 뛰어난 진행자로, 그녀는 토크쇼를 진행할 때 게스트가 아무리 소소한 얘기를 꺼내더라도 흘려듣거나 넘겨짚지 않고 진지한 표정으로 고개를 끄덕인다. 또 게스트가 즐거운 일을 얘기하면 박장대소를 하고, 부당한 일을 얘기하면 불같이 화를 내며, 슬프거나 괴로운 일을 얘기하면 위로를 하고 함께 눈물을 흘린다. 뿐만 아니라 그녀는 자신에 대해서도 매우 솔직하다. 그녀는 방송에서 종종 계부 밑에서 사생아로 자란 얘기, 할렘가의 가난을 견디지 못하고 미혼모가 되었던 얘기 등 비참하고 어두운 시절을 진솔하게 털어놓는다. 이러한 진솔함이 사람들과 공감대를 형성하게 만들어 게스트들이 아주 사적인 비밀까지 털어놓도록 유도하는 것이다.

세계 최고의 인간관계 컨설턴트인 데일 카네기Dale Carnegie는 인간관계를 원만하게 만드는 효과적인 방법을 이렇게 꼽았다.

"상대의 말을 경청하라."
"상대에게 이야기할 기회를 줘라."
"상대방이 수긍할 수 있는 화제를 선택하라."
"상대의 입장에서 생각하라."
"상대의 말에 맞장구를 쳐라."

데일 카네기는 다른 사람과 좋은 관계를 유지하려면 나보다는 상대방에게 초점을 맞추고 상대방과 소통할 수 있는 능력, 즉 공감 능력이 무엇보다 중요하다고 얘기했다.

데일 카네기뿐만 아니라 미국 코넬 대학교의 존슨 경영대학원에서도 10년 안에 리더들에게 가장 중요한 덕목은 '공감 능력'이 될 것이라고 했다.

공감 능력이 이처럼 중요해지는 이유는 시대의 변화와 무관하지 않다. 과거 수직적인 사회에서는 지능지수나 기술적인 능력만 있어도 크게 문제가 되지 않았지만, 이제는 얘기가 달라졌다. 수평적인 사회로 탈바꿈하면서 다른 사람과 원활하게 커뮤니케이션을 할 수 있는 능력 없이는 성공적으로 자신의 역할을 수행할 수 없게 되었다. 정신과 의사인 이시형 박사도 21세기에는 '창조적인 인간'이 되거나 '인간적인 인간'이 되어야 살아남을 수 있다고 강조했다.

한 이탈리아 미술가가 플라스틱으로 만든 3명의 남자아이를 나무에 목을 매단 적이 있었다. 사람들은 실물과 너무 흡사한 모습에 경악했고, 한 남자가 나무를 타고 올라가 이 조형물을 내리려다 크게 다치기까지 했다. 사람들은 이 미술가에게 손가락질을 해 댔지만 어떤 사람은 그의 작품세계에 감탄을 했고, 그 덕분에 작품은 더욱 유명세를 탔다. 이처럼 창조적인 사람들은 지탄을 받기도 하지만 세상을 선도하는 위치에 선다. 그렇지만 창조적이지 못한 사람은 다른 사람들 뒤치다꺼리를 하며 살아야 하거나 낙오하게 되어 있다.

그럼, 창조적이지 못한 사람은 어떤 길을 모색해야 할까. 이시형 박사는 그것이 바로 '인간적인 인간'이라고 했다.

그렇다면 인간적인 인간이란 무엇인가. 바로 다른 사람들과 원만한 관계를 유지하는 사람, 결국 공감 능력이 있는 사람이 인재 대접을 받는다는 얘기다. 요즘 아나운서들에게 사람들의 관심이 쏟아지는 것도 이 때문이 아닌가 싶다.

아나운서들은 공감 능력이 뛰어난 사람들이다. 사형을 앞둔 범죄자라고 해도 일단 그의 죄를 단죄하는 것이 아니라 이해하려고 노력하는 것이 아나운서다. 이러한 일이 가능한 이유는 상대와 소통하기 위해 항상 마음을 오픈하기 때문이다.

예를 들어 당신은 어떤 경우에 부정적인 시각을 갖게 되는가. 아마 그 사람, 그 사물, 그 상황에 대해 잘 모를 때일 것이다. 예를 들어 한 남자가 도둑질을 했다고 했을 때 사람들은 "남의 물건을 훔치는 것은 나쁜 짓이야. 벌을 받아야 해"라고 말하지만, 그 남자가 도둑질을 한 이유가 병으로 누워 계신 어머니의 약값을 구하기 위한 것이었다는 사실을 알게 되면 "도둑질은 나쁘지만 그 남자의 마음을 알 것 같아"라고 이해한다. 즉 어떤 것에 대해 잘 모른다는 것은 그것에 대해 알려고 하지 않았다는 얘기고, 이는 곧 마음을 닫고 있었다는 뜻이기도 하다. 아나운서들은 바로 이러한 상황이 벌어지지 않도록 상대에 대해 알려 노력하고, 때문에 누구에게나 마음을 활짝 연다.

아나운서 생활을 했던 나 역시 이러한 습관이 몸에 배어 주위 사람들에게 지나치게 긍정적인 것이 아니냐는 소리마저 듣는 경우도 있다.

그렇다면 공감 능력을 키우려면 어떻게 해야 할까?

오픈 마인드를 가져라

공감 능력을 키우려면 아나운서들처럼 내가 먼저 마음을 열고 상대에게 다가가야 한다. 현관을 잠근 집은 사람이 들어갈 수 없듯 마음을 열지 않으면 사람들은 내게 다가오지 않는다. '기브 앤 테이크'give and take라고 내가 먼저 마음을 오픈해야 상대방도 마음을 여는 법이다.

공감 능력이 뛰어나기로 소문난 이금희 아나운서를 보더라도 출연자가 누구든 항상 마음을 오픈한다. 한번은 그녀가 진행하는「아침마당」에 연변에서 가수로 활동하고 있는 남자가 출연하여 그녀에게 깜짝 고백을 한 적이 있었다. 그녀보다 6살이나 어린 그는 상냥하고 나긋나긋한 목소리를 가진 여자가 좋다며 이금희 아나운서에게 "연애하고 싶다"며 데이트 신청을 했다. 그러자 이금희 아나운서는 얼굴을 붉히며 연하 남자의 고백을 받으니 너무 기쁘지만 지금은 방송을 해야 하니 나중에 얘기하자며 당황해하지 않고 오히려 연변 가수의 마음에 고마움을 표시했다.

이금희 아나운서처럼 마음을 오픈하려면 나 스스로 여유로워져야 한다. 아는 것이 많아야 센스가 생기듯 내가 정신적으로 여유로울 때 공감 능력이 생기는 법이다. 그러려면 나를 비워 내는 작업을 해야 한다.「가시나무」라는 노래의 가사처럼 내 안에 내가 너무 많을 때는 다른 사람이 눈에 들어오지 않고, 오직 나만 보일 뿐이다. 내 안의 벽을 깨뜨리지 못하면 상대의 마음속으로 들어갈 수 없다.

실제로 내가 아는 분 중에 그런 분이 있다. 그분은 어떤 상황에 대해서도 공감하고 대안을 제시해 주어 많은 사람들이 항상 고마움을 느끼지만, 이상하게 그분이 쉽게 편해지지 않는다고 말한다. 그 이유를 곰곰이 생각해 본 결과, 그분이 자신의 마음을 열지 않고 사람들을 대하기 때문이라는 나름의 결론을 내렸다.

또 하나는 상대에 대해 규정짓지 말아야 한다. '왠지 저 사람은 냉정할 것 같아' '소문에 의하면 성격이 대단하다던데……' '보나마나 형편없는 사람일 거야'라는 식의 벽을 쌓는 태도는 공감대를 형성하는 데 전혀 도움이 되지 않는다. 반면, 상대에 대해 규정짓지 않으면 그 사람의 가능성을 인정하게 되어 좋은 점을 발견하게 된다.

다른 사람의 좋은 점을 알게 되는 것은 공감대를 이루는 데 결정적인 역할을 한다. 학교 다닐 때를 떠올려 보라. 대부분의 선생님들이 문제 학생보다 모범생의 말에 더 귀를 기울이고 이해하려고 노력한다. 그 이유가 무엇이겠는가. 모범생이 문제 학생보다 선생님에게 더 많은 장점을 보여 주었기 때문이다.

상대의 기분을 상하게 하는 언행도 삼가야 한다. 세 치 혀는 어떤 무기보다 날카롭고 위험해서 다른 사람의 마음에 상처를 주고, 자신의 이미지를 훼손시키며, 좋은 관계를 어그러뜨리고, 심지어 운명까지 바꿔 놓는다.

예전에 한 방송인이 초대받은 게스트의 약점을 집요하게 파고들어 기분이 상한 게스트가 녹화 도중 나가 버린 사건이 있었다. 왕성하게 활동했던 그 방송인은 그 사건 이후 이미지가 훼손되고 인지도가 떨어져 지금은 거의 방송에 나오지 않는다.

아울러 상대의 말에 귀를 기울이는 것도 중요하다. 나는 지망생들에게 "아나운서는 말을 잘하는 사람이기보다는 말을 잘 들어주는 사람"이라고 늘 강조한다. 듣는 능력이 부족하면 아나운서로서 자격 상실이기 때문이다. 토크쇼를 진행하는데 할 말이 있다고 출연자의 말을 도중에 끊어 버리거나, 출연자보다 말을 많이 하거나, 동문서답을 한다고 생각해 보라.

물론 방송을 하다가 중간중간에 말을 해야 할 때도 있지만 이것은 말하는 사람이 더 신나게 말을 잘할 수 있도록, 혹은 방송을 매끄럽게 진행하기 위해 하는 양념 멘트에 불과하다.

상대의 정서, 문화, 생활방식, 사고방식을 이해하는 자세도 필요하다. 왜냐하면 공감대 형성에 방해가 되는 것 중의 하나가 이러한 것들이기 때문이다.

그렇다면 도대체 얼마나 장애가 되는 것일까?

예전에 한 개그맨이 금강산을 방문했을 때, 북한 안내원이 그의 명찰에 쓰인 개그맨이라는 글자를 보고 이렇게 물었다고 한다.

"개그맨이 뭐 하는 겁네까?"

이 질문에 개그맨은 웃으며 "사람에게 웃음을 줍니다"라고 대답했다고 한다. 그러자 안내원은 한번 보여 달라고 청을 했고, 개그맨은 흔쾌히 이 부탁을 들어주었다고 한다. 그가 보여 준 것은 그 당시 유행했던 "내 꿈 꿔" 유머 시리즈.

그는 이 유머 시리즈를 제스처까지 섞어 가며 재미있게 얘기했다고 한다. 그러나 반응은 썰렁. 이 얘기를 다 듣고 난 후 북한 안내원은 이해할 수 없다는 표정으로 이렇게 물었다고 한다.

"남한에서는 꿈도 남이 대신 꿔 줍네까?"

비슷한 문화, 같은 언어를 쓰는 북한도 이렇게 이질감을 느끼는데, 외국인들은 오죽할까.

공감대를 이끌어 낼 수 있는 제스처를 취하는 것도 중요하다. 공감대 형성에 도움이 되는 제스처는 대개 긍정적인 의미를 담고 있는 제스처다. 이를테면 끄덕임, 맞장구, 웃음처럼 말이다.

가령 대화를 나눌 때 상대방의 말에 고개를 끄덕여 주면 상대는 자신이 주목받고 있다는 느낌을 받아 더욱 열정적으로 이야기를 하고, 편안한 느낌을 갖는다.

맞장구도 마찬가지다. "아하" "그렇구나" "세상에" "정말이요"라고 상대방의 말에 맞장구를 쳐 주면 상대는 더욱 신이 나서 얘기를 하고 친밀감을 느낀다. 웃음도 다를 바 없다. 미소를 지으며 대화를 하면 상대는 긍정적인 느낌을 갖게 되고, 상대에게 더욱 가까이 다가가고자 하는 마음이 생긴다.

그러니 지금까지 얘기한 방법들을 훈련하고 또 훈련하라. 그러면 당신도 아나운서들처럼 뛰어난 공감 능력을 가질 수 있을 것이다. 다만, 공감 능력을 키울 때 한 가지 유의해야 할 점이 있다.

공감 능력은 판단력이 뒷받침될 때 완성된다

공감 능력을 키우기 위해 옳지 않은 것을 옳다고 판단해서는 안 된다. 상대방과 공감대를 형성하기 위해 긍정적인 측면만 바라보다 보면 자칫 판단력이 흐려질 수 있다. 특히 풍부한 감성을 지닌 우리나라 사람들은 범죄자라 해도 인간적으로 동정이 가거나 마음에 들면 진실을 외면하는 경향이 있다.

한때 신드롬을 일으켰던 탈주범 신창원 사건만 보더라도 IMF로 국민들이 경제적으로 어려움을 겪고 있을 때 그가 부잣집만 골라 강도 행각을 벌였다는 이유로 그를 옹호하는 네티즌들이 얼마나 많았는지 모른다. 심지어 신창원을 의적으로 영웅시하며 국회로 보내야 한다는 주장까지 하는 사람들도 있었다. 물론 그들이 신창원에게 공감하는 이유를 이해하기는 하지만 죄는 죄고, 죄를 지었으면 반드시 단죄를 받아야 한다.

아나운서들이 누구보다 공감 능력이 뛰어나면서도 넘치지 않는 느낌을 주는 것은 사실을 곡해하지 않는 판단 능력을 가지고 있기 때문이다. 공감 능력은 판단력과 어우러질 때 빛을 발하는 법이다.

'감성은 가장 매력적이고 영향력을 미치는 요소'라는 말이 있다. 즉 사람들의 마음을 움직이고 좋은 이미지를 심어 주는 것은 지성이 아니고 감성이다. 그러니 지성을 키우는 일만큼 공감 능력을 키우는 데 힘쓰자. 그래야 아나운서처럼 모든 사람들에게 사랑받는 좋은 이미지를 가질 수 있고, 이 시대에서 뒤처지지 않고 살아남을 수 있다.

신뢰보다 강한 무기는 없다

박지윤, 정세진, 나경은, 진양혜…

한동안 KBS에서 가장 많은 프로그램 진행을 맡으면서 많은 주목을 받았던 박지윤 전 아나운서. 박지윤 아나운서가 여성이면서 경력 4년차 만에 KBS를 대표하는 스타급 아나운서로 성장한 비결은 신뢰감을 주는 이미지 때문이다.

실제로 그녀가 노현정 아나운서의 뒤를 이어 KBS「스타 골든벨」을 진행하면서 '포스트 노현정'으로 주목받았던 것도 반듯하고 신뢰감을 주는 이미지가 큰 역할을 했다.

그렇다면 그녀의 신뢰감을 주는 이미지는 어디에서 비롯되는 것일까?

신뢰를 지키기 위한 노력은 나의 가치를 높이는 일이다

예전에 박지윤 아나운서가 한 신문사와의 인터뷰에서 이런 말을 한 적이 있었다.

"「스타 골든벨」을 처음 진행할 당시, 아나운서의 이미지를 훼손시킬까 봐 방송에서 개인기를 보여 주는 것을 망설였다."

이 인터뷰의 내용처럼 그녀는 아나운서로서 시청자들의 신뢰를 깨뜨리는 일을 무엇보다 두려워한다. 일상생활 속에서도 마찬가지다. 그녀는 스타 아나운서가 되었음에도 예나 지금이나 의리가 있고 인간적이며, 작은 약속도 소홀히 여기지 않는다. 나는 그녀의 신뢰감 넘치는 이미지의 근원을 '내면 깊은 곳에서부터 신뢰를 목숨처럼 여기는 마음'으로 본다.

그녀는 아나운서가 되기 전에도 말보다는 행동으로 모든 것을 보여 주는 신뢰를 중시하는 사람이었다. 정말 열심히 아나운서 시험을 준비했고, 많은 실패 속에서도 늘 담담하게 '떨어졌구나' 생각하며, 부족한 면을 성실하게 고쳐 나갔다. 그런데 이처럼 수많은 실패 속에서도 그녀가 목표를 향해 나아갈 수 있었던 원동력은 무엇일까? 나는 그녀가 자기에 대한 믿음이 강한 사람이기 때문이라고 생각한다. 만약 자기 안에 불신이 있었다면 그녀는 아나운서의 꿈을 이루지 못했을 것이다. 그녀가 한 인터뷰에서 밝혔듯 아나운서 지망생일 때 다른 길은 생각지 않고 끝까지 꿈을 향해 나아갈 수 있었던 것은 스스로에 대한 믿음이 있었기에 가능했다. 박지윤 아나운서가 수많은 사람들에게 반듯하고 신뢰감 넘치는 이미지를 주는 이유도 근본적으로 자기 자신에 대한 신뢰가 강한 사람이기 때문이다.

사람들로 하여금 '아, 저 사람은 참 믿을 만하구나' 하는 신뢰감을 느끼게 하는 것은 뉴스와 정보를 전달해야 하는 아나운서의 입장에서는 필수적인 일이며, 특히 방송의 꽃인 뉴스를 진행하는 앵커에게는 절대선과 같은 것이다.

그런 맥락에서 공영방송 KBS의 「뉴스9」 여성 앵커 자리를 주말뉴스에서 2년, 평일뉴스에서 5년 2개월 동안 지켜 왔던 정세진 아나운서는 신뢰감을 주는 아나운서의 대표주자 격이다.

오후 1시에 출근해 밤 10시가 넘어서 퇴근해야 하는 메인뉴스 앵커의 생활을 생각해 보자. 개인적인 시간은 거의 포기하고 살아야 하는 것이나 마찬가지다. 그런데 7년이 넘는 시간 동안 한결같이 「9시 뉴스」의 메인 앵커 자리를 지킬 수 있었다는 것은 철저한 자기 관리가 아니었다면 불가능했을 터. 정세진 아나운서가 뉴스 앵커로서 시청자들에게 신뢰감을 주었던 것은 바로 이러한 자기 관리에서 비롯되었다.

또한 한 인터뷰에서 그녀는 "저는 뉴스를 전달할 때 표정 없이 전달해요. 그래서 밀랍인형이냐는 말도 듣곤 해요. 팩트fact만 전달하고 판단은 시청자가 내리도록 하는 것이 저의 앵커로서의 자세예요"라고 말한 바 있는데, 이는 시청자들의 시선을 여자 아나운서가 아닌 뉴스에 묶어 둠으로써 뉴스의 생명인 '신뢰도'를 높이는 데 크게 기여했다. 그러니까 그녀는 자신보다 프로그램을 빛나게 만드는 믿음직한 진행자였던 것이다.

이후 정세진 아나운서는 미국으로 연수를 떠나 「뉴스9」에서 물러났다. 더 나은 미래를 위해 메인뉴스 앵커라는 최고의 자리를 과감하게 물러난 것이다. 이후 그녀는 컬럼비아 대학교 동아시아 연구소에서 유학한 후 다시 KBS에 복귀해 「KBS 8 뉴스타임」 등의 진행을 맡았다.

한편, 과장하지 않고 진솔하고 소박한 모습을 보여 주는 아나운서에게도 사람들은 신뢰감을 느낀다. MBC의 나경은 아나운서가 그런 경우가 아닐까 나는 생각한다. 그녀는 외모도 다소곳하면서 꾸미지 않는 아름다움을 보여 주지만 말과 생각도 넘치지 않고 과장되지 않아 사람들에게 편안함을 주면서 신뢰감을 준다.

"아나운서의 기본은 바른 말을 사용하고 매사에 정돈된 태도를 보이는 것"이라고 생각한다는 그녀이기에 차분하고 안정감 있게 맡은 프로그램을 진행하는 솜씨를 보여 주어 신뢰할 수 있는 아나운서로 성장할 수 있었던 게 아닐까 싶다.

손범수 아나운서와 부부 아나운서로도 잘 알려진 진양혜 아나운서도 신뢰감을 주는 아나운서로 꼽힌다. 차분하고 진솔한 모습으로 프로그램을 진행하는 아나운서로 정평이 나 있지만, 무엇보다 그녀의 신뢰감 있는 진행 솜씨가 돋보였던 것은 그녀가 육아 경험을 충분히 살려 진행했던 EBS 「생방송 60분 부모」이다. 아이를 키우는 부모들에게 정보를 전달하는 것은 물론, 때론 상담자 역할도 해야 하는 이 프로그램에서 진양혜는 생방송임에도 특유의 친근하고 차분한 진행자의 모습을 보여 주었다. 부부 아나운서로서 건강한 가정을 꾸려 나가는 모습 또한 주부를 상대로 하는 프로그램에서 신뢰감을 얻는 이유가 되고 있다.

아나운서는 지식과 정보를 바르고 정확한 언어로 전달하는 것이 기본 의무이며, 그렇기 때문에 신뢰감을 주는 것이 무엇보다 중요하다. 최근에는 아나운서들이 여러 프로그램에 출연하여 자신들이 가진 끼를 발휘해 연예인 못지않은 인기를 누리기도 하는데, 나는 이러한 현상이 아나운서들이 가진 차분하고 신뢰감을 주는 이미지가 시청자들에게 새롭게 어필하기 때문이라고 생각한다.

많은 사람들이 아나운서들에게 호감을 갖는 것은 그들이 보여 주는 신뢰에 있다. 겉으로 보이는 이미지로서의 신뢰감뿐만이 아니라 아나운서가 되기까지 일명 '언론고시'라 불리는 어려운 과정을 실력과 노력으로 거쳤다는 것을 사람들이 알기 때문이다.

신뢰는, 함께 살아가야 하는 사회적 동물인 인간에게는 숙명 같은 것이다. 나는 누군가에게 신뢰감을 주는 사람이 되기 위해서는 자신에 대한 신뢰가 먼저 있어야 한다고 믿는다. 많은 아나운서들이 몇 번의 시험 낙방에도 포기하지 않고 도전했던 것은 결국 자기 자신에 대한 신뢰가 있었기 때문이다. 자신에 대한 신뢰가 없는 사람이 그 누구를 믿을 수 있고, 또 그 누구에게 신뢰받을 수 있겠는가.

그러니 자기 자신을 신뢰하라. 그리고 모든 사람에게 신뢰를 지켜라. 신뢰를 지키는 것만큼 자신의 가치를 높이는 일은 없다.

그녀의 말은 진실이다, **신뢰**

나는 한때 주말마다 가족들과 함께 KBS의 인기 프로그램이었던 「스타 골든벨」을 즐겨 보았다. 그중에서 '퍼팩트 라이어'라는 코너를 좋아했다. 이 코너를 볼 때마다 아나운서가 사람들에게 얼마나 신뢰감을 주는 존재인지 새삼 느끼곤 했다.

당시 그 코너를 진행하는 사람은 김제동과 아나운서 노현정이었는데, 이들은 한 주제를 놓고 서로 진실을 말하고 있다고 논쟁을 벌였다. 예를 들면 사랑을 하면 여자는 예뻐질까, 그렇지 않을까라는 식이다. 물론 그 코너가 생기고 꽤 오랜 시간이 지난 후에는 덜 했지만 처음 시작할 때는 그 프로그램에 참여한 연예인들은 김제동보다는 아나운서 노현정의 말에 더 솔깃해했다. 아나운서라는 직업이 주는 신뢰성 때문에 말이다.

그렇기 때문에 아나운서들은 신뢰를 생명처럼 생각한다. 신뢰를 잃은 아나운서가 전달하는 정보는 설득력과 호소력이 떨어지고 나아가 모든 아나운서, 방송사의 신뢰성까지 훼손시키기 때문이다.

비단 신뢰의 중요성은 아나운서만의 얘기는 아닐 터이다. 신뢰를 잃은 사람, 신뢰를 잃은 기업, 신뢰를 잃은 나라는 어떤 곳에서도 환영받지 못하고 살아남을 수 없다. 실제로 한 연구결과에 따르면, 변화와 혁신을 꾀하다가 실패를 한 기업들을 보면 그 주요 원인이 조직원들 간의 신뢰와 공감 부족인 것으로 나타났다. 그래서 요즘은 너나 할 것 없이 상대에게 신뢰를 심어 주기 위해 노력한다.

그래서 나는 지망생들에게 신뢰 교육을 많이 시키는 편이다. 방송사 시험을 보러 가든, 인터뷰를 하러 가든 어떻게 하면 신뢰감을 줄 수 있는지 다양한 방법들을 알려 준다. 예를 들어 방송국에 시험을 보러 간다고 했을 때 아나운서로서의 전문적인 실력, 인성과 자질을 갖춰야 함은 물론 방송과 자신 인생관의 닮은 점, 여러 방송국 중 이 방송사에 도전한 이유, 평소 그 방송사를 보면서 느꼈던 점, 방송철학 등을 가지고 시험에 임하라고 조언한다. 그래야 심사위원들에게 '이 친구가 그냥 시험을 보러 온 게 아니구나'라는 느낌을 전달할 수 있고, 타 방송국이 아닌 자신의 방송국을 택한 것에 대한 신뢰를 심어 줄 수 있기 때문이다.

그러나 지금까지 다른 이에게 신뢰감을 주지 못했던 사람이 갑자기 믿음이 가는 사람으로 변모하기란 힘든 일이다. 지금 당신이 그런 사람 중 한 명일지도 모르고 말이다. 만약 그렇다면 지금부터 내가 하는 얘기에 귀 기울이기를 바란다.

나에 대한 신뢰는 남이 아니라 내가 만드는 것이다

　신뢰받는 사람이 되려면 먼저 자신에 대한 신뢰를 가져야 한다. "가장 소름 끼치는 불신은 자기 안의 불신"이라는 말이 있듯 자기를 믿지 못하면 그 누구에게도 신뢰를 받을 수 없다.
　연애할 때를 떠올려 보자. 자신에 대한 사랑이나 신뢰가 없는 사람은 연인과 자주 갈등을 빚고, 번번이 연애에 실패를 하게 된다. 나에 대한 믿음이 없으니까 상대방을 끊임없이 의심하고, 상대방은 또 그 나름대로 좀처럼 자기를 믿지 못하는 연인에 대한 신뢰감을 잃어버리는 것이다. 따라서 신뢰받는 사람이 되려면 먼저 내 안의 불신부터 몰아내야 한다.
　그런 면에서 아나운서들은 벤치마킹하기 좋은 대상이다. 그 이유는 아나운서만큼 자기에 대한 믿음이 강한 사람들도 없기 때문이다. 그들은 직업 특성상 여러 출연자들의 의견을 수용하면서 프로그램을 진행해 나가야 하기 때문에 자기에 대한 신뢰 없이는 방송을 할 수 없다. 물론 자기에 대한 신뢰가 없던 사람이 갑자기 자신을 믿는 일은 어려울 것이다. 그렇지만 다른 이의 노력에 찬사의 박수를 보낼 때처럼 자기 자신을 인정하고 격려한다면 긍정적인 에너지가 쌓이고 쌓여 자신에 대한 강한 신뢰로 변할 것이다.
　자신에 대한 믿음이 생긴 후에는 상대방의 인격을 존중해 줘야 한다. 결혼생활이 길어지다 보면 자신도 모르게 배우자를 남보다 더 쉽게 대할 때가 있다. 너무 편하기도 하고 그 사람의 단점을 잘 알기도 해서 연애했을 때의 조심스러움이 사라지는 것이다. 그래서 주변을 보면 부부끼리 서로의 마음에 상처를 내고 신뢰를 깨뜨리는 일이 부지기수다.

나 역시 불완전한 인간이기 때문에 때론 남편이 미워 보일 때가 있다. 그러나 나는 부부간의 신뢰를 무너뜨리지 않기 위해 끊임없이 타협하고, 대화를 시도하여 남편의 인격을 존중하려고 노력한다. 이것은 남편도 마찬가지여서 항상 신뢰받는 남편이 되기 위해 내가 무엇을 하든 전폭적으로 지지하고 격려해 주는 편이다. 내가 우리 아이가 운동을 잘했으면 좋겠다고 하면 다음 날 아이들과 함께 운동을 하러 나가고, 아이가 정서적으로 메마르지 않았으면 좋겠다고 말하면 문화 공연 티켓을 끊어 함께 공연을 보러 간다. 가기 싫어하는 아이들을 설득하는 작업까지도 도맡아 한다.

아나운서들도 다를 바 없다. 예전에 한 방송국에서 대통령과 국민들이 대화할 수 있는 자리를 마련한 적이 있었다. 이 프로그램은 전국에 방송됐고, 사람들은 인간적인 대통령의 모습을 볼 수 있는 좋은 기회를 가지게 되었다. 그때 프로그램을 진행하던 아나운서는 대통령에게 예우를 갖추면서도 마치 옆집 아저씨 대하듯 편안하게 질문을 하고 대화를 시도했다. 방청객들에게도 그와 같은 태도로 귀를 기울이며 방송을 진행해 나갔다. 대통령이라고, 평범한 사람들이라고 해서 차별을 하지 않고 방송을 끝까지 마쳤다.

비단 이 아나운서뿐만이 아니라 모든 아나운서들은 대통령이든 날품을 팔며 하루를 고단하게 살아가는 사람이든 모든 출연자를 귀한 손님처럼 반갑게 맞이하고 배려한다. 이러한 모습이 출연자뿐만 아니라 시청자들에게 '아, 저 아나운서는 모든 사람을 동등하게 존중하는구나'라는 느낌을 주어 아나운서에 대한 신뢰도를 높이는 것이다.

나를 있는 그대로 보여 주는 것도 신뢰감을 주는 데 중요한 역할을 한다. 나를 지나치게 포장하려고 하면 오히려 상대방에게 불신감을 심어 주고 자신의 이미지를 훼손시킬 수 있다. '깃털 뽐내기 대회'에서 일등을 하려고 다른 새의 깃털을 달고 나갔다가 손가락질을 받았던 이솝우화의 까마귀처럼 말이다. 아나운서들이 사람들에게 신뢰감을 주는 이유 역시 과장하지 않고 있는 그대로 보여 주려 하기 때문이다.

미국에서 가장 영향력 있는 방송인에게 주는 피비니상, 에이스상, TV 뉴스 보도부문 에미상을 비롯하여 국제방송협회로부터 '올해의 방송인상'을 수상한 화려한 경력의 소유자 래리 킹Larry King은 솔직함으로 사람들의 신뢰와 사랑을 받는 대표적인 방송인이다.

1985년부터 2010년까지 그는 CNN의 「래리 킹 라이브」를 진행하면서 늘 초대된 손님들에게 솔직하게 다가섰다. 직업이나 지위에 상관없이 말이다. 그의 방송을 보면 거의 본능에 따라 말하고 행동한다. 그리고 자신의 처한 입장이나 상황을 시청자들에게 솔직하게 얘기한다.

그의 이러한 솔직함은 처음 방송계에 발을 들여놓았을 때부터 드러났다. 마이애미비치Miami Beach에 있는 한 작은 라디오 방송국에서 주급 55달러를 받고 매일 9시부터 12시까지 아침방송을 진행했던 그는 방송 첫날 엄청난 실수를 하고 말았다.

작은 방송국이라 기사 역할까지 해야 했던 래리 킹은 시그널 음악을 틀고 그 음악이 끝날 무렵 볼륨을 낮추고 방송을 진행하려 했다. 그런데 웬일인지 음악 대신 나와야 할 소리가 나오지 않는 것이 아닌가. 그는 음악의 볼륨을 높였다 낮추었다 하며 한참을 헤맸고, 그로 인해 청취자들은 커졌다 작아졌다 하는 시그널 음악 소리만 들어야 했다. 대형 방송 사고였다. 이에 화가 난 방송국 총책임자는 문을 박차고 들어와 고함을 지르고는 밖으로 나가 버렸다.

래리 킹은 이때 청취자들에게 이렇게 자신의 입장을 솔직하게 털어놓았다.

"저는 항상 방송계에서 일하기를 원했고, 어렵게 기회를 잡아 드디어 오늘 첫 라디오 방송을 하게 되었습니다. 그래서 주말 내내 대본을 외우고, 기계를 조작하는 방법을 수없이 연습했습니다. 그러나 너무 초조했던 저는 기계를 잘못 조작하는 큰 실수를 저지르고 말았습니다. 결국 화가 난 총책임자가 문을 박차고 들어와 고함을 지르고 나가 버렸습니다."

그가 방송인으로서 성공한 이후에도 그의 솔직함은 그대로 이어졌다. 한번은 어떤 신문기자가 인터뷰 도중 래리 킹에게 이런 질문을 던졌다.

"다른 사람의 속마음을 잘 끌어내는 비결이 무엇입니까?"

그러자 래리 킹은 그 신문기자에게 이렇게 되물었다.

"당신은 화재사고 현장에 취재를 나가면 소방관에게 어떤 질문을 합니까?"

의아한 표정으로 신문기자가 말했다.

"화재는 언제 시작됐습니까? 원인은 무엇입니까? 언제쯤 진화가 될까요? 이런 거 아니겠습니까?"

그 말을 듣고 래리 킹은 이렇게 답변했다.

"나는 소방관에게 이런 질문을 할 것입니다. 도대체 이렇게 위험한 곳에서 몇 시간째 고생을 하는 겁니까?"

래리 킹이 하고 싶었던 말은 무엇일까? 상투적이고 천편일률적인 얘기로 방송을 하는 것이 아니라 자신이 생각하고 느끼는 대로 솔직하게 진행을 하기 때문에 상대방의 속마음을 효과적으로 끌어낼 수 있었다는 얘기가 아닐까 싶다.

그는 늘 자신의 생각과 느낌, 자신이 하는 일, 자신이 처해 있는 입장과 상황을 분명하고 솔직하게 밝혀 그가 시청자들을 위해 최선을 다하고 있음을 이해시켰다. 그리고 이러한 솔직함은 시청자들이 그의 말에 공감하게 하고, 결국 그를 신뢰하게 만들었다.

지키지 못할 약속은 아예 하지 말아야 하는 것은 두말할 나위 없다. "아무리 보잘것없는 것이라 할지라도 한번 약속한 일은 상대방이 감탄할 정도로 정확하게 지켜야 한다"는 말이 있듯 일단 약속을 했으면 철저하게 지켜야 한다.

그런데 우리나라 사람들은 유독 약속을 대수롭지 않게 여기는 경향이 있다. 약속을 지키지 못하고서도 아무렇지도 않게 "약속은 깨기 위해 있는 거야"라고 말하는 사람이 있는가 하면, "사람이 살다 보면 그럴 수도 있지. 뭘 그렇게 딱딱하게 굴어"라고 하며 오히려 약속을 철저하게 지키려는 사람을 탓하는 이도 있다. 그렇지만 사람들이 상대방을 믿을 만한 존재인지 아닌지를 판단할 때 가장 주목하는 것이 '약속을 잘 지키느냐, 아니냐'이다. 어떤 사람이 당신과의 약속에 매번 10분, 20분씩 늦는다고 생각해 보라. 그를 믿을 수 있겠는가.

공정하게 생각하고 판단하는 것도 신뢰를 쌓는 방법 중 하나다. 중국 북송시대의 정치가이자 최고의 법관이었던 포청천包靑天이 사람들로부터 존경과 신뢰를 받았던 이유가 무엇이라고 생각하는가. 어떤 사건이든 공정하게 생각하고 판단했기 때문이다.

아나운서들도 마찬가지다. 그들은 객관적이고 공정하게 정보를 전달하기 위해 어떤 일이 벌어지든 다각도로 접근하고, 예기치 못한 상황에 대처하기 위해 유연한 사고를 기른다. 프로그램에서 돌발적인 상황이 벌어지거나 논쟁이 뜨거워져 고성이 오갈 때 균형을 유지하면서 매끄럽게 진행해 나가려고 노력한다.

예전에 미국이 이라크에 미사일을 잘못 쏴서 많은 민간인이 희생된 사건이 있었다. 미국은 실수였다고 둘러댔고, 전 세계는 책임을 회피하려는 미국을 강하게 비난했다. 당시 뜨거운 이슈였기 때문에 모든 언론매체는 이 문제를 끊임없이 다루었고, 모 방송국의 시사정보 프로그램에서도 군사 전문가를 초대하여 시청자들의 궁금증을 해갈하는 자리를 마련했다.

방송 경험이 많은 그 프로그램의 아나운서는 시청자들의 기대를 저버리지 않고 방송 내내 핵심을 찌르는 질문을 했다. 그러던 중 문제가 발생하고 말았다. 아나운서가 "이 사건을 어떻게 해석하느냐"고 물었는데, 군사 전문가가 이렇게 대답해 버린 것이다.

"미군은 모병이기 때문에 못 배우고 가난한 사람이 군에 지원한다. 그러니 최첨단 무기를 제대로 다룰 수 없는 게 당연하지 않은가. 이런 일은 충분히 일어날 수 있다."

누가 보더라도 '저건 아닌데'라는 뉘앙스를 주는 발언이었고, 자칫 외교 문제로 확대될 수도 있는 문제였다. 그런데 다행스럽게도 그 아나운서는 "전문가님의 말씀도 옳지만 미국이 실수한 측면이 많다고 보여집니다. 따라서 이번 사건에 대해 이라크 국민들에게 사과를 하고 다시는 이런 일이 없도록 해야겠습니다"라고 군사 전문가를 무안하게 하지 않으면서 문제가 생기지 않도록 잘 무마시켰다.

하지만 심각한 사안이었던 만큼 이 사건은 인터넷을 뜨겁게 달구었고, 4대 일간지에 기사가 실리는 일이 벌어졌다. 이에 방송사에서는 사과방송을 내보냈고, 그 프로그램을 진행하는 아나운서도 다시 한 번 사과를 해야 했다. 만약 그 아나운서가 공정하게 생각하거나 판단하지 못하여 군사 전문가의 편을 들어주었다면 어떻게 됐을까. 사건은 더욱 확대됐을 것이고 진행자의 자질 문제로까지 번졌을 것이다.

그러나 신뢰를 줄 수 있는 이러한 방법을 터득했다고 해도 표현하지 않으면 소용이 없다. 노력 없는 꿈은 공상에 불과하듯 표현하지 않는 신뢰는 신뢰가 아니다.

신뢰를 주기 위한 표현 작업을 하라

우리나라 남자들은 애인이 "나 왜 좋아해?"라고 물으면 "뻔한 얘기를 왜 묻냐?" "너 요즘 심심하구나?" "이제 물어보는 것도 지겹지도 않냐?"

"몰라서 묻냐?"라고 무안을 주거나 "너니까" 하고 두루뭉술하게 얘기한다. 그러나 여자는 뻔한 답변이 나오리라는 것을 알면서도 그 말을 듣고 싶어 하고, 그러한 직접적인 표현들이 사랑을 탄탄하게 만드는 다리 역할을 한다.

신뢰도 다를 바 없다. 신뢰도 표현해야 다른 사람에게 전달이 된다. 실제로 나는 신뢰를 표현하는 작업이 얼마나 중요한지 뼈저리게 경험했다. 몇 년 전에 나는 잘못된 기사로 인해 어려움을 겪었다. 그 당시 아무 잘못이 없다고 생각했던 나는 음해성 기사가 나간 것에 대해 참을 수 없는 분노와 고통을 느꼈다. 그때는 '왜 사람들이 나를 음해하는 것일까?'라는 생각만 머릿속에 가득했다. 그런데 시간이 지난 후 생각해 보니, 내가 다른 사람들에게 신뢰를 덜 주었는지도 모른다는 생각이 들었다.

그 당시 나는 내 모습을 있는 그대로 보여 주면 상대방이 믿어주겠지 하는 마음으로 아카데미를 운영했다. 내가 잘못한 게 없다면 꺼릴 것도 없다고 생각했던 것이다. 그러나 그것은 나만의 착각이었고, 기사 사건 이후로 신뢰를 주기 위한 표현 작업이 부족했다는 것을 깨닫게 되었다. 그 이후로 아카데미가 단순히 영리를 추구하는 단체가 아니라는 점을 알리기 위해 커리큘럼을 연구하고, 아나운서들의 사회적 위상을 높이기 위한 세미나를 개최하고, 강사들의 능력을 키우기 위한 교육에 많은 투자를 했다. 이것은 모두 나에 대한 신뢰, 나아가 아카데미에 대한 신뢰로 이어졌고, 그 기사가 잘못되었다는 것을 밝히는 데 많은 도움을 주었다.

그러니 신뢰를 주기 위해 어떤 상황에서도 솔직하게 얘기를 하고, 일단 약속을 했으면 칼처럼 지키자. 또 지키지 못할 약속은 아예 하지 말고, 결코 행동보다 말이 앞서지 않도록 하자. '불우이웃 돕기를 합시다'라고 해 놓고 정작 자신은 돕지 않는다거나 '동물을 보호합시다'라고 해 놓고 개를 괴롭힌다면 어느 누구도 신뢰감을 가질 수 없다.

그렇다고 과장해서도 안 된다. 포장을 하게 되면 신뢰해 달라고 요구하는 것과 다를 바 없다. 신뢰는 내가 요구하고 강요한다고 해서 형성되는 것이 아니라 다른 사람들이 만들어 주는 것이다.

프랑스 속담에 "사람은 자기를 기다리게 하는 자의 결점을 계산한다"는 말이 있듯 약속을 어기면 자신에게 마이너스가 되어 돌아온다. 일단 자신에 대한 신뢰감이 떨어지고, 미안한 마음이 생기기 때문에 상대에게 끌려가게 된다. 사소한 약속 하나로 상대에게 제압당할 수 있는 빌미를 제공하는 것이다. 따라서 약속은 목숨처럼 지키고, 일단 어겼을 때는 부정적인 이미지를 씻을 수 있도록 사과하고 또 사과해야 한다. 그리고 무너진 신뢰를 다시 회복하기 위해 몇 배의 시간과 수고를 쏟아야 한다. 그래야 아나운서들처럼 신뢰받는 존재가 될 수 있다.

겸손은 사람의 마음을 움직인다
나경은, 백승주, 김소원, 정은임…

한때 '마봉춘'이라는 이름이 화제가 된 적이 있었다. 마봉춘은 유재석, 박명수, 노홍철, 정형돈, 정준하 등이 진행하는 MBC 예능프로그램「무한도전」에 목소리만 등장했던 여자 아나운서의 별명.

다소 촌스러운 마봉춘이라는 별명이 탄생한 데는 유재석이 결정적인 역할을 했다.「무한도전」방송 초, 신분을 알리지 않고 목소리만 출연하는 여자 아나운서에게 유재석은 "누구냐?"고 물었고, 이에 아나운서는 "MBC"라고 답했다. 그러자 유재석은 "MBC가 이름의 이니셜을 말하는 것 같다"면서 "마봉춘"이라는 이름을 지어 주었다. 이후 사람들은 마봉춘의 진짜 정체에 대해 궁금해했고, 순식간에 마봉춘은 인터넷을 뜨겁게 달구었다. 그리고 얼마 지나지 않아 사람들은 마봉춘이 당시 MBC「요리보고 세계보고」「TV 속의 TV」를 진행하고 있던 나경은 아나운서라는 사실을 알게 되었다.

　마봉춘이라는 별명으로 유명세를 톡톡히 치른 그녀. 마봉춘이라는 별명이 그녀의 이름을 알리는 데 상당한 역할을 한 것은 사실이지만, 마봉춘이라는 이름으로 화제가 되지 않았어도 그녀는 지금처럼 사람들의 주목을 받을 수 있었을 것이라고 나는 본다. 내가 그렇게 자신하는 이유는 그녀를 가르쳤던 스승으로서 제자 나경은이 많은 사람들의 사랑을 받을 수 있는 충분한 능력을 가지고 있음을 잘 알고 있기 때문이다.

겸손하고 또 겸손하면 상대를 매료시킬 수 있다

　나는 요즘 마봉춘이 아니라 '아나운서 나경은'으로서 그녀의 인지도가 높아진 원인을 '겸손'으로 본다. 상대방을 존중하고 아껴 주는 사람을 마다할 이가 어디 있겠는가!

　실제로 그녀는 아나운서 지망생 시절부터 겸손함이 돋보였던 사람이다. 워낙 인상이 청초하고 선하여 겉보기에도 겸손한 이미지를 풍기지만, 그녀는 내면적으로도 겸손한 제자였다. 늘 자신을 부족하다고 여기며 공부를 게을리하지 않았고, 사람들을 대할 때도 자신을 낮추고 상대를 먼저 배려했다. 이러한 성향은 그녀의 인생철학에도 잘 드러난다. 아나운서가 된 이후 MBC 아나운서국에서 실시한 인터뷰에서 그녀는 "살면서 꼭 지켜야 할 것이 무엇인가?"라는 질문에 이렇게 답했다.

"늘 감사하는 마음으로 살기, 다른 사람의 좋은 점 발견하기."

겸손을 중요하게 생각하는 마음이 없다면 나올 수 없는 답변이다.

마봉춘으로 유명세를 치를 당시, MBC 아나운서 웹진 「언어운사」와의 인터뷰에서도 나경은 아나운서는 겸손함을 잃지 않았다. 그녀는 인터뷰에서 "마봉춘이라는 이름 덕분에 유명해진 것에 대해 감사하고, 많은 사람들에게 즐거움을 주는 별명이라 마음에 든다"고 했다. 덧붙여 "나로 인해 사람들이 즐거운 것은 매우 행복한 일"이라고 말했다.

겸손함이 몸에 밴 나경은 아나운서는 방송을 진행할 때도 수많은 제작진들을 늘 염두에 둔다. 한 인터뷰에서 그녀는 자기가 프로그램을 잘 진행해야 방송을 준비한 모든 사람들이 보람을 느끼고 힘을 얻는다는 생각에 매순간 최선을 다한다고 말했다.

그렇다고 그녀가 무조건 자신을 낮추는 것은 아니다. 그녀는 겸손하지만 매사에 자신감이 넘친다. 본인이 자신의 이미지에 대해 "부드러운 카리스마"라고 말하고, 자신의 강점에 대해 "모든 것을 순수하게 바라보는 맑은 눈"이라고 답할 정도로 그녀는 당당하고 끊임없이 에너지를 발산한다. 그래서 「요리보고 세계보고」 「TV 속의 TV」 「나경은의 초콜릿」 등 다양한 프로그램 앞에서도 두려워하지 않고 자신감 있게 방송을 진행할 수 있었던 것이다. 나경은 아나운서는 이처럼 자신감이 적절하게 어우러진 겸손함을 지니고 있다.

단아한 외모에 살포시 웃는 모습으로 시청자들을 사로잡는 KBS의 백승주 아나운서도 겸손의 미덕을 아는 아나운서다. 노현정 아나운서의 뒤를 이어 KBS 인기 프로그램 「상상플러스」의 안주인이 되면서 시청자들의 사랑을 한 몸에 받은 그녀는 처음에는 출퇴근길에 자기를 알아보는 사람들 때문에 도망치기도 했었다고 한다.

백승주 아나운서는 한 인터뷰에서 사회생활을 하면서 원만한 인간관계를 유지하기 위한 방법이 궁금하다는 질문에 "공부, 운동, 노래, 실력처럼 인간관계를 유지하는 방법도 기본적인 인간의 지능 중에 하나라고 생각해요. 상대방의 말을 마음으로 반응해 주는 습관이 필요해요"라고 답했다.

사람이 진정 겸손해 보이는 것은 외모를 가꾸듯 겉치장으로 되는 것이 아니라고 생각한다. 마음 깊이 우러나는 것이 아니라면 가식으로 느껴지게 마련이기 때문이다. 그런 면에서 백승주 아나운서야말로 필요할 때 자신을 낮출 줄 아는 사람이라고 느꼈다.

차분하면서도 나름대로 개성 있는 진행으로 호평을 받다 「상상플러스」에서 물러날 때도 백승주 아나운서는 "초반에는 부담감과 책임감이 막중했지만 많은 배움을 주었고, 즐거움을 주었던 프로그램으로 기억에 많이 남아요. 「상상플러스」 덕분에 내 안에 있는 끼를 발견했거든요"라고 말했다. 그녀의 겸손함이 돋보이는 순간이 아닐 수 없었다.

SBS의 「8뉴스」를 오랫동안 책임졌던 김소원 앵커. 앵커로서 뉴스를 냉정하게 보도해야 함에도 2007년 캄보디아에서 있었던 비행기 추락사고 현장 소식을 전하며 눈시울을 붉혀 오히려 호감을 받기도 한 그녀는 차분한 카리스마가 돋보이면서도 겸손할 줄 아는 사람이다.

김소원은 한 기자간담회에서 '여자 아나운서 출신인 앵커의 한계'를 지적하는 질문에 "난 처음 입사 때부터 예쁘지 않기로 유명했다"고 자신을 낮춘 뒤 "그러나 애엄마로는 앵커 1호가 됐고, SBS와 함께 열심히 일해 왔다"고 소신을 밝혀 진정한 자신감을 가진 사람만이 겸손할 수 있음을 보여 주었다.

불의의 교통사고로 10여 년 전 세상을 떠난 MBC의 정은임 아나운서도 낭랑한 목소리와 수려한 외모를 갖추었음에도 언제나 자신을 낮추고 상대방과 청취자를 배려하는 방송으로 지금까지도 사람들의 마음에 그리움을 남기고 있는 사람이다.

자신을 낮출 줄 아는 겸손은 아나운서에게 반드시 필요한 자질이다. 왜냐하면 아나운서는 직업 특성상 우쭐해지기 쉽고, 일단 자만해지면 함께 일하는 제작진뿐만 아니라 시청자들로부터 외면을 받을 수 있기 때문이다. 그래서 아나운서들은 겸손함을 잃지 않기 위해 거만해지려는 마음을 다스리는 노력을 게을리하지 않는다.

사람은 누구나 오만방자한 사람보다는 겸손한 사람을 좋아한다. 나 역시 그렇다. 모든 방면에 능력이 출중하더라도 상대를 무시하고 남을 배려할 줄 모르는 사람에게는 끌리지 않는다. 때문에 나는 아나운서 지망생들에게 겸손의 중요성에 대해 늘 강조한다.

그러니 당신도 다른 사람의 마음을 얻고 싶다면 겸손하고 또 겸손하라. 다만 자신감을 잃어서는 안 된다. 자신을 비하하는 사람의 겸손은 비굴해 보일 뿐이니까 말이다.

나를 낮춰 내 가치를 높인다, 겸손

『행복을 전하는 우체통』이라는 김현태의 산문집을 보면 이런 글이 나온다.

한 정치인이 석공이 비석을 다듬는 모습을 보면서 이렇게 말했다.
"나도 사람의 단단한 마음을 다듬을 수 있는 기술이 있었으면 좋겠소."
그러자 석공이 대답했다.
"선생님도 저처럼 무릎을 꿇고 일한다면 가능한 일입니다. 모든 생명은 귀합니다. 그렇기 때문에 모든 것에 겸손하고 또 겸손해야 합니다."

석공이 하고 싶은 말은 무엇이었을까? 자신을 낮추고 상대를 먼저 배려하는 마음, 즉 겸손함을 갖추면 많은 사람들의 마음을 사로잡을 수 있다는 얘기가 아닐까 싶다.

실제로 공자孔子도 "겸손한 자만이 다스릴 것이다"라고 했고 『인재 사냥』의 저자인 세계적인 헤드헌터 제프리 크리스첸Jeffrey Christian도 성공할 확률이 높은 사람은 높은 학벌, 뛰어난 업무능력 등의 조건을 갖춘 사람이 아니라 자신의 부족함을 인정하고 뛰어난 인재를 곁에 둘 줄 아는, 즉 겸손한 사람이라고 했다.

그렇다면 사람들은 왜 겸손한 사람에게 이토록 열광하고 매료당하는 것일까? 인간은 누구나 겸손한 사람을 좋아하기 때문이다. 이 말에 난 그렇지 않다고 반박하는 사람도 있을지 모르겠다. 그렇다면 스스로에게 이런 질문을 한번 던져 보라.

'나를 하대하는 오만한 사람이 좋은가, 나를 존중해 주고 대우해 주는 겸손한 사람이 좋은가?'

대부분이 겸손한 사람에게 마음이 더 끌릴 것이다. 예나 지금이나 끊임없이 겸손함의 중요성을 강조하는 것만 봐도 사람들이 얼마나 겸손함을 좋아하는지 잘 알 수 있다.

다른 사람에게 겸손한 사람이 되려면 '힘껏' 자신을 낮추려는 노력을 게을리해서는 안 된다. 다만, 여기서 '낮춤'은 무조건적인 것이 아니다. 자신을 지나치게 하대하는 태도는 상대방에게 오히려 부정적인 이미지를 심어줄 수 있다.

실제로 경제 잡지 『포천Fortune』이 선정한 500대 기업에 다니는 직장인들을 대상으로 '성공을 위해 반드시 버려야 할 것 12가지'를 조사한 결과, 그중 하나가 '지나친 겸손함'이었다고 한다. 지나치게 잘난 척하는 것만큼 자신을 과도하게 깎아내리는 사람 또한 상대방의 마음을 불쾌하게 한다는 것이다.

나 역시 이러한 예를 자주 목격했기 때문에 이 말에 전적으로 공감을 한다. 오래전, 지인의 소개로 한 모임에 참석한 적이 있었다. 처음 참석한 자리인지라 나는 그 모임의 분위기를 익히는 데 온통 신경이 쏠려 있었다. 그런 와중에 한 여성이 조금 늦은 시각에 모임에 합류를 했다.

그녀는 오자마자 다른 사람들이 보기에 낯부끄러울 정도로 한 CEO를 치켜세우고 자신을 하대하기 시작했다. 처음에는 '예절이 참 바른 사람이구나' 하고 생각했던 나는 시간이 지나면서 점차 불쾌감을 느끼기 시작했고, 그녀가 오기 전까지 즐겁게 대화를 나누던 사람들도 입을 다물어 버렸다. 입이 마르도록 그녀가 치켜세우던 CEO 역시 처음에는 그러려니 하고 웃어넘기다가 시간이 지날수록 얼굴이 굳어지기 시작했다.

자신이 겸손한 사람이라는 이미지를 심어 주기 위해 좋은 의도를 가지고 한 행동이었을지 모르나, 자신감이 결여된 그녀의 모습은 오히려 역효과를 가져왔다. 자신에게 당당하지 못한 겸손은 비굴해 보일 뿐이라는 점을 간과했던 것이다.

그렇다면 상대에게 좋은 이미지를 심어 줄 수 있는 겸손을 베풀려면 어떻게 해야 할까?

겸손을 강한 신뢰로 연결시켜라

겸손이 강한 신뢰로 이어질 수 있어야 한다. 그러려면 우선 자신을 무조건 낮추는 것이 아니라 동등한 입장에 서서 상대를 배려해야 한다. 즉 적당한 자신감과 겸손이 어우러질 때 사람들의 마음을 사로잡을 수 있다. 그래서 아나운서들은 겸손을 무엇보다 중요하게 생각하지만, 방송을 이끌어 가는 진행자로서의 자신감을 갖추기 위해 노력한다.

사실 아나운서들은 직업 특성상 자칫 어깨가 으쓱거려지기 쉽다. 프로그램을 대표하는 얼굴이면서 진두지휘하는 입장이기 때문에 '내가 잘나서' 주목을 받는다고 생각하기 쉽다. 그러나 방송이란 한 사람의 힘만으로 이루어지는 것이 아니라 프로듀서, 조명 감독, 기술 감독, 카메라 감독, 음향, 의상, 소품, 제작 편집, 야외촬영, 세트 디자인, 음악, 미용, 코디, 작가 등 수많은 스태프들이 수고를 아끼지 않는다. 아나운서가 이를 무시하고 자기가 주인공인 양 행동을 하게 되면 좋은 프로그램을 만들 수 없다. 게다가 시청자들은 아나운서가 잘난 체하는 프로그램을 시청할 만큼 아량이 넓지 않다.

그렇기에 아나운서들은 자만해지려는 마음을 끊임없이 채찍질하고 단속하며, 항상 시청자 입장에 서려고 한다. 다만 진행자로서의 자신감은 잃지 말아야 한다. 아나운서는 나무의 뿌리와 같은 존재이기 때문에 자신감을 잃은 채 우왕좌왕하게 되면 그 프로그램이 방송 의도대로 흘러가지 않기 때문이다.

그러므로 나는 아나운서 지망생들에게 겸손에 대해 얘기할 때 자신감도 함께 강조한다. 강의를 할 때마다 설사 내가 잘나고 자신만만하더라도 늘 부족하다고 생각하고, 동시에 진행자라는 본분을 잊지 말라고 당부한다. 오만불손한 태도도 상대에게 불쾌감을 주지만, 자신감이 부족한 행동 또한 좋은 이미지를 주지 못한다면서 말이다.

진심 어린 마음도 겸손을 강한 신뢰로 잇게 만드는 요소다. 마음은 눈에 보이지 않지만, 그만큼 선명하게 드러나는 것도 없다. 그리고 진심이 빠진 겸손은 오히려 상대방을 불쾌하게 만든다.

모든 사람들이 다 그렇다는 것은 아니지만, 영업을 하는 사람들 중에 예절 바르고 겸손하기는 한데 왠지 모르게 거부감을 주는 이들이 있다. 이런 사람들은 대개 마음에서 우러나는 겸손이 아니라 이득을 얻기 위한 계산적인 겸손을 보인다. 그래서 그들의 말과 행동은 군더더기 없이 세련되고 깔끔하지만 왠지 마음이 끌리지 않는다. 훈련되지 않아서 조금 어눌하고 서툴더라도 마음에서 우러나오는 겸손이 오히려 사람들을 감동시키는 법이다.

제26회 청룡영화제에서 「너는 내 운명」으로 남우주연상을 탔던 영화배우 황정민만 보더라도 그렇다. 객관적으로 봤을 때, 황정민의 수상소감은 세련되지 못했다. 그러나 "나는 60여 명의 스태프와 배우들이 멋지게 차려 놓은 밥상을 그냥 맛있게 먹는 일개 배우 나부랭이에 지나지 않는다"는 그의 수상소감은 어떤 배우의 수상소감보다 큰 울림으로 다가왔다.

그래서 나는 월초 회의를 할 때마다 직원들에게 모든 사람들에게 진심으로 겸손하게 대하라고 강조한다. 설령 그 대상이 컴퓨터를 A/S하기 위해 찾아온 기술자라고 해도 말이다. 기술자에게 조금 더 상냥하게 대하고 커피나 음료수를 주면 그 사람은 내 가족의 컴퓨터를 고치는 것처럼 성심을 다하고, 우리가 놓친 부분까지 알아서 수리를 해 준다고 늘 얘기한다.

겸손함을 표현할 수 있는 스킬을 익히는 것도 강한 신뢰로 이어지게 하는, 빼놓을 수 없는 요소다. 아무리 겸손한 사람이라 해도 그것을 표현하는 방법이 적절치 않으면 상대에게 그 진심이 전달되지 않는 법이다. 때문에 표현력을 기르는 것은 매우 중요하며, 아나운서들은 평소에 이러한 훈련을 많이 받는다. 목소리의 톤을 높이지 않고, 청유하는 어투를 주로 사용하고, 어미를 부드럽게 처리한다. 이를테면 "오늘 가나와의 경기에 대해 어떻게 생각하죠?"보다 "오늘 가나와의 경기에 대해서 어떻게 생각하는지 말씀해 주세요"라고 어미를 완곡하게 표현하여 겸손한 느낌이 나도록 한다.

져도 좋다는 마음을 가져라

그러나 신뢰를 주는 겸손을 갖추었다고 해도 그 마음이 흔들릴 때가 있다. 그때가 언제일까?

상대방을 꺾으려는 마음이 발동할 때이다. 인간은 본능적으로 다른 사람에게 지지 않으려는 습성이 있다. 코피를 흘리며 공부하고, 돈을 벌기 위해 굴욕을 참고, 좋은 직장에 들어가려고 도서관에서 밤을 새우고, 능력 있는 남자와 결혼하기 위해 자신을 가꾸고 관리하는 마음속에는 다른 사람보다 멋지게 살고 싶은 경쟁심리가 숨어 있다. 때문에 겸손한 사람이라는 이미지를 심어 주려면, 져도 좋다는 마음을 가져야 한다. 그래야 다른 사람들에게 강한 믿음을 심어 줄 수 있다.

예를 들어 상대가 오만해 보일 때를 떠올려 보자. 잘난 체를 할 때, 자기주장을 꺾지 않을 때, 다른 사람을 무시할 때, 유아독존처럼 행동할 때 등등. 대개 상대가 나를 누르고 승리자의 자세를 취하려고 할 때다. 그래서 설령 내가 오만한 사람이 아니더라도 상대를 이기려고 마음먹는 순간, 오만함은 저절로 고개를 든다.

TV에서 정치적인 이슈를 다루는 토론회를 보라. 토론회에 참석한 사람들은 처음에는 여유롭고 겸손한 태도로 상대방을 대한다. 그런데 토론이 클라이맥스에 이르고 공방이 치열해지면 언제 그랬냐는 듯이 오만불손한 말을 쏟아 낸다. 마치 다시는 얼굴을 보지 않을 사람 대하듯 내 말이 옳다는 것을 증명하기 위해 흠집 내기에 바쁘고, 나중에는 토론의 주제와는 무관한 상대방의 사생활을 들춰내며 내가 잘났음을 증명하려고 한다. 만약 이 사람들이 상대방에게 져도 좋다는 생각을 가졌다면 어땠을까?

그러나 사람이기에 져도 좋다는 마음을 갖기란 쉽지 않다. 이때는 '나는 항상 2%가 부족한 사람'이라고 생각하면 많은 도움이 된다. 다른 사람들이 보기에 아나운서들은 부러울 것이 없어 보이지만, 늘 자신이 부족하다고 느끼고 부족한 부분을 깨끗하게 인정하려고 애쓴다. 특히 투명성을 요구하는 요즘은 더욱 그렇다.

예전에 KBS 이지연 아나운서가 모 프로그램에 나와 아나운서 지망생이었을 때의 에피소드를 얘기한 적이 있었다. 그녀는 자신이 아나운서가 되는 것을 아버지이자 방송인인 이상벽이 적극 말렸다면서 그 이유가 외모가 적합하지 않아서였다고 고백했다. 또 신참 시절 모 개그맨이 대뜸 그녀에게 "너 정말 공부 열심히 했구나"라고 말했다면서 자신의 부족한 부분을 깨끗이 인정하여 사람들에게 친숙한 이미지를 심어 주었다.

나 역시 늘 2% 부족하다고 생각하며, 겸손한 사람이라고 결론짓지 않는다. 아이들이 내게 고민을 털어놓을 때도 내 말이 정답인 양 얘기하지 않고, 직원들이나 지망생들에게 지시를 내릴 때도 '이것 해'라고 말하기보다는 방향을 제시해 준다.

청나라 말기, 뛰어난 사업 수완으로 중국의 상권을 장악했던 거상 호설암胡雪岩의 삶을 담은 소설 『호설암』을 보면 "남이 나를 한 척尺(자) 존중하면 나는 남을 한 장丈(자의 10배) 존중해 준다"라는 말이 나온다. 누구나 이러한 마음을 가진다면 자만해지려는 자신을 경계할 수 있고, 고이지 않고 흐르는 물이 되어 아나운서처럼 호감받는 이미지를 가질 수 있다.

세련미는 호감을 불러일으킨다

최송현, 고민정, 서현진, 박나림…

　KBS를 대표하는 예능 프로그램이 무엇일까? 「개그콘서트」 「해피선데이」 「연예가중계」 「해피투게더」 「비타민」 「상상플러스」……. 여러 프로그램이 머리를 스쳐갈 것이다. 이 중 연령대를 불문하고 오랫동안 사랑을 받아 온 프로그램 중 하나가 「상상플러스」였다.

　「상상플러스」는 예능 프로그램에 걸맞게 재미 외에도 순수 우리말을 알리는 데 기여를 하였다. 우리말 전도사 역할을 하는 만큼 다른 예능 프로그램과 달리 연예인 MC와 아나운서가 함께 진행을 하고, 아나운서가 프로그램의 중심에 서 있었다. 그래서 「상상플러스」는 아나운서들이 진행하고 싶어 하는 예능 프로그램 중 하나였으며, 이 프로그램의 진행자는 KBS를 대표할 만한 자질을 갖춘 아나운서가 맡았다. 노현정 아나운서, 백승주 아나운서가 그 자리를 거쳐 갔고, 그 뒤를 이어 최송현 아나운서가 안주인이 됐다. 그런데 그녀는 당시 경력 2년차인 새내기 아나운서였다. 매우 파격적인 기용이라 할 수 있었다. KBS는 왜 이토록 과감한 결정을 내렸을까?

최송현 아나운서는 1년여 전, 당시 진행자였던 노현정 아나운서가 휴가로 자리를 비웠을 때 1일 깜짝 MC로 투입된 적이 있었다. 그때 탁재훈, 이휘재, 신정환 등 노련한 연예인 MC들과 게스트였던 개그맨 이경규, 가수 김창렬 등을 상대로 매끄럽고 개성 있게 진행하여 사람들은 그녀의 매력에 사로잡혔다. 이는 그 누구도 예상치 못했던 반응이었고, 그녀가 경력이 짧음에도 「상상플러스」의 진행자가 되는 데 결정적인 역할을 했다.

실제로 「상상플러스」 노현정 아나운서 후임자로 누가 적당한지에 대해 3만 5,537명에게 설문조사를 한 결과 김보민, 박지윤, 이지애, 오정연, 최송현 아나운서 중 28.4%가 최송현이라고 답해 1위를 차지했다.

이처럼 사람들의 마음을 단박에 사로잡은 그녀의 매력은 어디에서 오는 것일까?

외적 · 내적인 세련미가 어우러져야 진정한 세련됨이다

나는 최송현 아나운서의 매력의 근원을 '세련미'로 본다. 처음 아카데미를 찾아왔을 때 그녀는 누가 봐도 세련된 모습을 하고 있었고, 요즘 인터넷에 뜨고 있는 사진을 보더라도 그녀는 세련미가 넘친다.

외적인 모습뿐만이 아니라 그녀는 내적으로도 매우 세련된 사람이다. 내 제자이기도 했던 그녀는 아나운서 지망생 시절, 사람을 대할 때 스스럼이 없고, 배려심이 많고, 생각이 깊어 주위에 사람들이 많았다. 그래서 나는 늘 외적·내적으로 세련미를 갖춘 그녀를 보면서 누구에게나 사랑받을 타입이라고 생각했다. 이러한 그녀의 세련미는 방송에서도 그대로 드러났다. 「상상플러스」에서 그녀는 매끄러운 진행으로 자신의 세련미를 유감없이 보여 주었다.

「특명 공개수배」와 「무한지대 큐」, 라디오 방송 「밤을 잊은 그대에게」를 진행하면서 차세대 MC로 주목받았던 KBS 고민정 아나운서도 세련미를 보여 주는 전형이다.

깊은 밤 라디오 방송에 더없이 잘 맞는 잔잔한 목소리와 평소 단정한 모습을 보여 주었던 고민정 아나운서가 또 다른 세련미를 보여 준 것은 「특명 공개수배」를 진행하면서부터. 그녀는 보통 안경을 쓰지 않는다는 여자 아나운서들의 불문율을 깨고 「특명 공개수배」에서 사각의 검은 테 안경을 쓰고 나왔다. 안경을 쓴 고민정의 모습은 깔끔하게 올려 묶은 머리와 검은 정장 차림과 잘 어우러져 지적인 여검사의 이미지를 풍겼고, 이것이 범죄 용의자를 수배하고 제보를 받는 프로그램에 더없이 잘 어울렸다. 물론 여기에 더해 똑 부러지는 말투와 말끔한 진행으로 시사 프로그램 MC로 손색이 없다는 평가를 받았다.

이전까지 고민정 아나운서가 부드럽고 귀여운 세련미를 보여 주었다면 「특명 공개수배」에서 지적이면서도 강한 면모의 세련미를 새롭게 보여 주는 데 성공한 셈.

미스코리아 출신의 MBC 서현진 아나운서도 세련미를 유감없이 보여 주는 아나운서 가운데 한 명. 주말 뉴스 프로그램을 거쳐「신비한 TV 서프라이즈」등의 예능 프로그램을 진행했던 서현진 아나운서의 외적인 세련됨은 '미스코리아 선'이라는 타이틀만으로도 충분할 듯하지만, 단지 그것만은 아니다. 10년 넘게 무용을 해 온 그녀는 자세가 어느 아나운서보다도 꼿꼿하고 발라서 어디서나 당당해 보이는 세련미가 있다.

그런데 그녀에게서 외적인 세련미만을 본다면 "미스코리아라는 것이 오히려 약점이 될까 봐 노심초사했다"는 한 인터뷰에서의 우려대로 그녀의 반쪽 모습만을 보는 것이다.

주목받는 아나운서로 성장하는 그녀의 오늘이 있게 한 진정한 세련미는 아나운서가 되기 위해 꾸준하게 쌓은 실력과 내공에서 나온다. 그녀는 성실함과 친화력, 그 외의 실무 능력들을 보여 주기 위해 지역 방송국에서 경력을 쌓고, 대구 사투리를 고치기 위해 매일 2시간씩 큰 소리로 뉴스를 읽으며 연습을 했다. 명절에도 사람 없는 운동장에 음식을 싸들고 나가 연습을 했을 정도. 그러므로 서현진 아나운서에게서 풍겨져 나오는 세련미는 외적인 세련미와 이러한 내적 세련미와의 조화가 있기에 눈부시게 빛나는 것이다.

MBC에 몸담고 있다가 현재 프리랜서로 활동하고 있는 박나림 아나운서도 부드러운 세련미의 소유자다. 박나림 아나운서는「생방송 화제집중」이라는 프로그램을 5년 가깝게 맡아서 진행했다. 한 프로그램을, 그것도 생방송 프로그램을 그 정도 기간 맡는다는 것은 결코 쉬운 일이 아니다. 때론 박장대소하고 때론 눈물지으면서도 매끄럽게 진행했다는 것은 그녀만이 가진 아나운서로서의 부드러우면서도 완성된 세련미를 보여 주는 게 아닐까.

나는 많은 사람들이 아나운서들을 동경하고 사랑하는 이유 중 가장 많은 부분을 차지하는 것이 아나운서들에서 느껴지는 '세련미' 때문이 아닐까 생각한다. 연예인만큼 예쁘지 않아도, 명품을 걸치지 않아도 단정한 매무새와 두루 갖춘 풍부한 지식을 정확하고 바르게 표현할 줄 아는 아나운서들의 모습은 세련미의 전형이다.

아나운서들처럼 사람들에게 강하게 어필하고 싶다면 내적·외적으로 갈고 닦아 절제된 세련미를 갖추는 것, 그것이 방법이다.

갈고 다듬어진 아름다움, *세련미*

나는 직업상 많은 사람들을 만나는 편이다. 그러다 보니 상대방이 어떤 타입이냐에 따라 그날 기분이 달라지는 경우가 많다. 나를 가장 즐겁게 하는 스타일은 바로 세련된 사람이다. 나뿐만 아니라 대부분의 사람들은 세련된 사람에게 호감을 느낀다.

한 인터넷 신문에서 대학생들을 대상으로 '소개팅을 할 때 상대의 어떤 점에 호감을 느끼는가'라는 설문조사를 한 결과, 답변자 중 40%가 '상대방을 배려해 주는 세련된 매너'라고 꼽았다고 한다. 특히 여성들은 매너나 패션 감각 등이 세련된 남성을 선호하는 것으로 나타났다.

사정이 이렇다 보니, 요즘 사람들은 세련미를 갖추기 위해 많은 투자를 한다. 자신을 가꾸기 위해 고가의 옷이나 액세서리를 구입하는 데 돈을 아끼지 않고, TV나 패션 잡지 등을 보며 다양한 패션정보를 섭렵하여 활용한다. 그래서 요즘 거리를 걷다 보면 연예인보다 더 연예인 같은 사람들을 흔히 볼 수 있다.

나는 이처럼 자신을 당당하게 표현하는 젊은이들의 모습이 보기 좋다. 하지만 한편으로는 염려스러운 마음이 들기도 한다. 외적인 모습을 가꾸는 것도 좋지만, 한쪽으로 치우치는 것이 아닌가 하는 생각이 들기 때문이다. '세련됨'은 단순히 외모나 옷차림이 "촌스럽다" "도회적이다"라고 얘기할 수 없는, 그 사람의 외적·내적인 세련됨을 통칭한다.

이를테면 말을 논리정연하게 하는 사람, 고운 말을 쓰는 사람, 자기 스타일을 가지고 있는 사람, 남들이 신경 쓰지 않는 부분까지 관리하는 사람, 여유로운 삶의 자세를 가진 사람, 배려심이 많은 사람, 편견이나 선입견이 없는 사람, 생각이 깊은 사람 등도 상대방으로 하여금 세련됨을 느끼게 한다. 오히려 겉모습보다 내적인 세련미를 갖춘 사람이 다른 이에게 보다 성숙된 세련미를 줄 때가 많다.

KBS 「해피투게더 3」, MBC 「무한도전」, SBS 「런닝맨」을 진행하는 개그맨 유재석이 그 대표적인 예다. 그는 '선천성 배려 증후군'에 걸렸다고 할 만큼 자신보다 상대를 먼저 배려한다. 그는 높은 몸값을 자랑하는 최고의 진행자가 되었음에도 늘 방청객들에게 허리를 굽혀 인사를 하고 녹화 시작 전까지 그들과 대화를 나눈다.

외적인 세련미가 다소 떨어짐에도 불구하고 유재석이 어떤 사람보다 세련돼 보이는 것은 이러한 내적인 세련미를 갖추었기 때문이다.

아나운서들이 배우만큼 출중한 미모의 소유자가 아님에도, 유행을 선도할 만큼 옷차림이 빼어나지 않아도 시청자들에게 좋은 이미지를 줄 수 있는 것도 외적·내적으로 세련미를 갖추고 있기 때문이다. 물론 뛰어난 미모와 패션 감각으로 사람들에게 세련된 느낌을 주는 아나운서도 있지만 말이다.

그렇다면 아나운서들처럼 외적·내적으로 세련미를 갖추기 위해서는 어떻게 해야 할까?

군더더기를 없애라

세련됨을 가지려면 우선 '군더더기'를 없애야 한다.

당신은 어떤 모습을 볼 때 세련되지 못한 느낌을 받는가. 요란하게 치장을 하거나, 진하게 화장을 하거나, 쓸데없이 말이 많거나, 지나치게 감정적이거나, 부산스럽거나, 너무 성급하거나 등등 대개 군더더기가 많은 모습을 볼 때가 아닐까 싶다.

때문에 안팎으로 세련미가 넘치는 사람이 되려면 이러한 군더더기를 제거해야 하고, 그런 점에서 아나운서는 좋은 모델이라 할 수 있다.

TV를 보면 아나운서들은 항상 단정하고 깔끔한 모습을 하고 있다. 헤어스타일을 보더라도 짧은 머리를 하거나 그렇지 않을 때는 틀어 올리고, 액세서리도 크고 번쩍거리는 것보다는 작고 화려하지 않은 것을 한다. 옷차림 또한 눈에 띄는 원색보다는 파스텔톤의 중간 계열 색상의 옷을 입고, 화장도 진하게 하지 않는다.

말이나 생각 또한 군더더기가 없다. 말 한마디를 하더라도 상대방이 이해하기 쉽도록 전달하고, 실수를 하더라도 핀잔을 주거나 질책을 하기보다는 격려를 보내고 칭찬을 한다. 또 유연한 사고로 편견이나 선입견을 버리고 사람들을 대한다.

아나운서들이 이처럼 군더더기 없는 세련됨을 추구하는 이유는 사람들에게 편안함과 신뢰감을 심어 주기 위함이다. 만약 뉴스를 진행하는데 아나운서가 긴 머리를 늘어뜨리고, 반짝이는 액세서리를 하고, 화려한 옷을 입고, 진한 화장을 하고 있다고 생각해 보라. 자신은 아무 생각 없이 했을지 모르나 사람들은 부담을 느끼게 된다.

무엇보다 군더더기가 많은 모습은 정보 전달력을 떨어뜨린다. 아나운서의 머리 스타일이 화려하다고 생각해 보라. 당신은 무엇에 집중하겠는가. 아마도 정보가 아니라 "헤어스타일 참 이쁘네" "저 머리 어디서 했을까?" 등에 관심을 기울일 것이다. 사람들이 가끔 "왜 아나운서들은 짧은 커트머리를 많이 하나요?"라고 묻는데, 바로 이러한 이유 때문이다.

아나운서의 이러한 세련된 모습은 '방송용'이 아니라 오랜 훈련의 결과물이다. 아나운서가 되었다는 것은 원래 그러한 세련됨을 좋아하고, 군더더기를 없애는 노력을 통해 어느 정도 세련미를 갖추었다는 증거다.

나 역시 노력을 통해 세련미를 키웠다. 옷을 입을 때도 되는 대로 입지 않고 얼굴형, 체형, 헤어스타일, 헤어컬러, 색상 등을 파악한 후 입으려 노력했다. 때론 내게 어울리는 스타일에 대해 기록해 두었다가 맞추기도 했다. 처음에는 번거롭기도 했고 잘 잊어버리기도 했지만 이러한 작업을 통해 '넘치지도, 부족하지도 않은', 내게 딱 맞는 스타일을 찾게 되었다.

말 역시 한마디를 하더라도 두세 번씩 되새김질한 후 말하고, 한쪽으로 치우치지 않도록 유연하게 생각하려고 노력했다. 그렇다고 다른 사람의 세련미를 그저 모방하려 해서는 안 된다. 한 단계 더 높은 세련미를 갖추기 위해 변화를 시도해야 한다. 이미 세련미를 갖춘 아나운서들도 변화에 맞춰 세련미를 갈고 다듬는 작업을 게을리하지 않는다.

과거 아나운서들은 반드시 머리를 올려 이마와 귀를 드러내야 했지만, 요즘은 두드러지게 튀는 정도가 아니면 헤어스타일의 변화를 어느 정도 허용한다. 나는 이런 변화를 긍정적으로 받아들이는 편이다.

MBC 시사 프로그램 「W」를 진행했던 최윤영 아나운서를 보자.

「W」는 '차별화된 젊은 감각의 시사 프로그램'이라는 기획 의도에서도 알 수 있듯이 기존의 시사 프로그램들과는 사뭇 달랐다. 제목과 아이템 등 모든 면에서 기존의 틀을 깨는 파격적인 프로그램이었다.

특히 그 프로그램의 진행자였던 최윤영 아나운서의 모습은 과감했다. 어깨를 드러낸 원피스, 화려한 헤어스타일과 화장 등은 인터넷을 뜨겁게 달궜고, 네티즌들은 "아나운서의 옷차림이 너무 야하지 않느냐" "보기에 민망하다" "연예인이냐 아나운서냐" 등 노출 의상으로 인기를 모으고 있는 프랑스의 미녀 아나운서 멜리사 도리오와 비교하면서 쓴소리를 했다.

자신만의 스타일을 고집했던 「W」 프로그램 제작진은 비판 여론이 식지 않자 한발 양보했지만, 나는 기획 의도에 맞게 의상까지도 신경을 기울인 최윤영 아나운서의 세련미에 박수를 보낸다. 변화의 흐름을 타지 않는 세련미는 의미가 없으니까 말이다.

세련미는 절제 속에서 빛난다

 자, 이제 당신은 진정한 세련미가 무엇인지, 세련미를 키우기 위해서는 어떻게 해야 하는지 어느 정도 감을 잡았을 것이다. 그리고 당장 훈련에 돌입하고 싶은 마음에 온몸이 근질거릴지도 모른다. 만약 그렇다면 시작 전에 이 점은 꼭 염두에 두기를 바란다.
 우선 세련미를 갖추는 것도 좋지만 지나쳐서는 안 된다는 것이다. 과유불급이라는 말도 있듯 세련미도 넘치면 부작용이 생길 수 있기 때문이다.
 아나운서 시절, 선배 중에 그런 분이 계셨다. 그분은 외모뿐만 아니라 말투, 행동, 사고방식까지 군더더기가 없어 쉽게 접근하는 사람들이 없었다.
 한번은 술자리에서 평소 그 선배에게 불만을 가지고 있던 한 사람이 '거만하다'는 식으로 얘기를 한 적이 있었다. 물론 그분은 거만한 사람이 아니었다. 오히려 상대방을 배려하는 겸손하고 따뜻한 분이셨다.
 한 예로 나이가 훨씬 어린 한 엔지니어가 그 선배에게 연애편지를 보냈을 때 "별일이야"라며 내치지 않고 그 엔지니어의 마음이 다치지 않도록 지혜롭게 거절하였다. 그럼에도 지나친 세련미 때문에 다른 사람들에게 부담을 주고 부정적인 이미지를 주었던 것이다.

그래서 나는 지망생들에게 강의를 할 때 절제하면서 표현하라고 당부한다. 세련미는 절제와 어우러질 때 빛을 발한다.

30여 년 동안 한결같은 모습으로 방송을 진행하고 있는 MC 임성훈은 부족하지도 넘치지도 않는 세련미가 돋보이는 방송인이다. 그는 30년 동안 방송을 진행하면서 방송사고, 스캔들, 공백기 등이 전혀 없었고, 지금도 SBS 「세상에 이런 일이」, KBS 「강연 100℃」 등을 진행하면서 왕성하게 활동하고 있다.

그가 이렇게 오랫동안 MC로 장수할 수 있었던 데는 정통성을 갖춘 MC만이 가능한 세련된 진행 스타일 때문이다. 그는 다른 MC들처럼 유행어나 독특한 제스처를 써서 재미를 살리는 데 중점을 두지 않고 MC로서의 정석을 보여 주며 프로그램을 이끌어 나간다.

그러나 그의 세련된 모습은 상대에게 부담이나 거부감을 주지 않는다. 그는 늘 꼿꼿한 자세로 군더더기 없이 말과 행동을 하지만, 예나 지금이나 프로그램을 진행할 때 게스트들의 약점보다는 장점을 부각시키고, 게스트가 실수를 하더라도 따뜻하게 감싸 준다. 그는 따뜻하고 친근하며 인간적인 모습을 통해 지나치게 세련된 이미지가 부각되지 않도록 적절하게 수위를 조절하는 것이다.

또 하나는 우월 의식이다. 부자가 "난 돈이 많아"라고 말하면 그 부유함이 되레 희석되듯 남들보다 세련됐다는 점을 강조하면 그 가치가 떨어진다. 세련미는 은은하게 표현할 때 상대가 '저 사람 정말 세련됐네'라는 느낌을 받는다. 진정한 세련됨은 우월 의식을 버릴 때 나오며, 그러려면 내면과 외면을 다듬고 또 다듬는 담금질이 이루어져야 한다.

아나운서들은 타인의 시선에 대한 인식 훈련이 잘 되어 있고, 표현력이 뛰어나다. 그런데 이는 그들이 선천적으로 타고났다기보다는 그들을 둘러싼 방송환경의 영향이 크다.

아나운서들은 매일 카메라 앞에 선다. 그들에게 있어 카메라는 '타인의 시선'이며, 카메라를 인식한다는 것은 다른 사람의 시선을 인식한다는 것이다. 즉 아나운서들은 일반인들에 비해 타인의 시선에 대한 인식 훈련이 잘 되어 있을 수밖에 없다.

표현력도 마찬가지다. 그들은 카메라 너머 시청자들에게 의사는 물론 감정까지 전달해야 하므로 음성 표현, 이미지 연출 등 표현력을 향상시키는 훈련을 끊임없이 한다. 그렇기 때문에 일반인들에 비해 표현력이 뛰어난 것은 당연한 일이다.

만약 당신도 그들과 같은 환경을 연출하고, 또 훈련을 한다면 그들처럼 사람들 앞에서 똑 부러지게 말하면서 품위를 지키고, 호감받는 이미지를 유지할 수 있다.

2
ON AIR

똑 부러지게 말하면서 품위 지키는 법

아나운서처럼 말하기

당신에게 가장 중요한 것은
똑 부러지게 말하면서 품위를 지키는 법이다!

/ 1교시

목소리에 맛깔스러운 맛을 입혀라, 음색

얼마 전에 큰 아이와 이런저런 얘기를 나누다가 축구선수 데이비드 베컴David Beckham에 대한 놀라운 얘기를 들었다. 그 말이 매우 황당했기 때문에 나는 처음에 반신반의했다. 뛰어난 축구 실력에, 배우 뺨치는 외모를 가진 그의 목소리가 모기 소리 같다고 하니, 어떻게 믿겠는가.

그러나 동영상을 통해 여성처럼 가늘면서 높은 톤을 내는 그의 목소리를 듣고, 그 말이 사실임을 확인했고 실망감을 감출 수 없었다. 그에 대한 사랑이 애틋한 영국인들도 베컴의 목소리만은 듣기에 거북했던지 영국 국영방송 BBC에서 실시한 설문조사에서 '영국인들이 가장 불쾌하게 생각하는 목소리' 상위에 랭크됐다.

물론 베컴이 모든 면에서 완벽해 보이기 때문에 실망감이 더했는지도 모르지만, 목소리가 이미지에 결정적인 영향을 미친다는 것만은 분명한 사실이다. 미국의 심리학자 앨버트 메라비언Albert Mehrabian 박사의 연구결과에 따르면 상대방을 판단할 때 말하는 메시지는 8%밖에 작용하지 않고 표정 35%, 태도 20%, 나머지 38%가 목소리의 영향을 받는다고 한다. 그러니까 목소리가 좋은 사람은 누군가에게 호감을 주려 할 때 38점은 따 놓은 당상이라는 얘기다.

나 역시 그런 경험이 있다. 아카데미 때문에 바쁘다 보니 본의 아니게 동네 사람들과 마주할 기회가 좀처럼 없다. 바쁘니까 어쩔 수 없는 일이라고 지나칠 수도 있지만, 어디 아이를 둔 엄마가 그럴 수 있는가. 물론 그럴 일은 없겠지만, 어떤 엄마라도 나 같은 상황에 처하면 '혹시 내가 모임에 참석하지 않는다는 이유로 우리 아이가 따돌림을 당하지 않을까' 하는 걱정을 할 것이다.

그래서 바쁜 시간을 쪼개 학부모 모임에 참석했다. 워낙 얼굴을 보이지 않았던 터라 나는 엄마들이 내게 부정적인 이미지를 가지고 있지나 않을까, 내심 걱정을 했다. 그러나 우려와 달리 엄마들은 마치 어제 만난 사람마냥 내게 친근하게 대해 주었다. 그러면서 "목소리가 참 듣기 좋다"며 칭찬을 아끼지 않았다. 그때 나는 목소리가 이미지를 높이는 데 얼마나 큰 역할을 하는지 새삼 깨닫게 되었다.

아나운서들이 사람들에게 좋은 이미지를 주는 것도 목소리의 영향이 크다. 아나운서들은 굵지도 가늘지도 않은, 차분하고 맑은 목소리를 가지고 있다. 때문에 오랜 시간을 들어도 질리지 않고 상대에게 신뢰와 품격을 준다.

아나운서뿐만 아니라 우리 주변에도 목소리로 상대방의 마음을 누그러뜨리고 상황을 반전시키고 좋은 이미지를 주는 예가 얼마든지 있다.

거래처에 항의전화를 했는데, 상대방의 목소리가 차분하고 친절하면 어떤가. 언짢던 기분이 다소 누그러지지 않던가. 또 상대방이 목소리가 멋지거나 아름다울 때 당신은 어떻게 행동하는가. 핸섬한 남성이나 아름다운 여성을 떠올리며 상대에게 호의적이지 않은가.

실제로 네덜란드 레이덴 대학에서 이를 실험한 적이 있었다. 연구진은 여러 남성들의 음성을 여성들에게 들려주고 연상되는 남성들의 특징을 물어보았다. 그 결과 차분하지 못하고 날카롭고 높은 음색을 가진 남성보다 부드럽고 차분하며 낮은 음색을 가진 남성을 더 매력적인 남성으로 설명했다.

많은 여성들에게 사랑을 받고 있는 가수 비를 보더라도 중저음에 부드럽고 차분한 음색을 가지고 있다.

목소리는 이처럼 자신의 가치를 높이는 주요한 수단이 된다. 따라서 상대에게 호감을 얻으려면 좋은 목소리를 갖기 위한 노력을 게을리해서는 안 된다.

듣기에 좋은 목소리는 '음색'이 결정한다

상대방이 듣기에 좋은 목소리를 내려면 무엇보다 '음색'에 주목해야한다. 음색은 '소리의 빛깔'로, 음색이 좋지 않으면 듣는 사람이 피곤하거나 불쾌감을 느끼고, 음색이 좋으면 듣는 사람이 편안하고 기분이 좋아진다.

높은 시청률을 기록하며 종영한 드라마 「하얀 거탑」을 보면 음색이 일으키는 효과를 잘 엿볼 수 있다.

그 드라마에는 좋은 음색을 가진 두 배우가 나오는데, 출세에 대한 욕망이 강한 천재의사 장준혁을 연기한 배우 김명민과 인간적이며 의사로서의 소신을 가지고 있는 최도영을 연기한 배우 이선균이다. 김명민의 목소리가 이선균의 목소리보다 조금 더 힘이 넘치지만, 둘 다 부드럽고 차분한 음색을 가지고 있다. 그래서 듣는 사람들에게 편안하고 부드러운 느낌을 준다.

실제로 좋은 음색의 조건을 보면 이 두 배우의 음색과 흡사한 면이 많다. 그 조건을 보면 이렇다.

'부드럽고, 차분하고, 밝고, 맑고, 힘 있고, 따뜻하여 상대방이 들었을 때 편안하고 부드러운 느낌을 가질 수 있는 음색'.

여기에 하나 더 추가되는 것이 '명쾌함'이다. 명쾌함이 좋은 음색 조건에 속하는 이유는, 음색이 좋다 하더라도 전달하고자 하는 메시지가 분명치 못하면 언어로서의 의미도 없을 뿐만 아니라 음색도 제대로 보여 줄 수 없기 때문이다.

예를 들어 상대방이 무슨 말을 하는지 도통 알아들을 수 없다고 하자. 그러면 우리는 "저 사람 참 목소리가 좋다"라고 느끼기보다 "무슨 말인지 도대체 알아들을 수 없네"라며 답답함을 느낀다. 음색의 좋고 나쁨은 신경도 쓰지 않는다.

이러한 명쾌함까지 갖춘 좋은 음색을 가진 대표적인 사람들이 아나운서들이다. 특히 TV보다 라디오가 강했던 시절 활동한 아나운서들의 음색은 쟁반에 옥구슬 굴러가는 것처럼 아름다웠다. 그래서 아나운서 선발 기준을 보더라도 목소리가 차지하는 비율이 높았고, 좋은 음색을 가진 아나운서는 청취자들의 팬레터를 심심찮게 받았다. 정보 전달력, 진행 능력, 끼, 비주얼 등이 점점 중시되고 있지만 여전히 음색은 가장 중요한 요소가 아닐 수 없다.

좋은 음색을 갖기 위해서는 내 목소리 안에 날카롭고, 어둡고, 우울한 기운, 비음, 불협화음 등을 제거해야 한다.

그러려면 관리가 필요하다. 많은 사람들이 내게 "좋은 목소리를 타고 나야 아나운서가 될 수 있지요?"라고 묻는데, 아나운서들도 원래부터 고운 음색을 타고난 것이 아니라 꾸준한 관리를 통해 가꾼 결실이다. 물론 타고난 사람도 더러 있지만, 처음 아카데미를 찾아오는 지망생들을 보면 대부분 일반인들과 별반 다르지 않은 음색을 가지고 있다.

나 역시 그랬다. 아나운서의 길을 가겠다고 마음먹기 전까지는 아나운서의 역할을 해낼 수 있을 만큼의 음색이 아니었다. 아나운서로서의 능력을 갖추기 위해 꾸준한 관리를 하면서 지금의 음색을 갖게 된 것이다.

그 방법을 간략하게 소개하자면, 우선 목에 무리가 가지 않도록 배에 힘을 주고 말했다. 목은 매우 예민한 기관이라 조금만 잘못 관리하면 금방 상하게 되고 좋은 음색이 나오지 않는다. 가수들이 목이 아니라 배로 노래를 부르려고 노력하는 이유도 힘 있고 아름다운 소리를 내기 위함이다.

또 과격하거나 큰 소리로 말하는 것은 물론, 작은 소리로 이야기하는 것도 자제했다. 일반적으로 고래고래 소리를 질러야만 목에 무리가 간다고 생각하는데, 작은 목소리 또한 성대를 손상시킨다. 왜냐하면 정상적인 크기의 목소리보다 작게 말하려면 목에 힘을 주어야 하기 때문이다.

목에 염증이 생기지 않도록 감기 예방에도 힘썼다. 감기가 유행하는 계절이 오면, 외출을 할 때는 물론 잠을 잘 때도 스카프 등으로 목을 감싸 따뜻하게 해 주고 가습기를 틀어 목이 건조해지지 않도록 했다. 술과

카페인, 약물을 피했음은 물론이다.

좋은 컨디션을 유지하는 데도 많은 신경을 기울였다. 왜냐하면 몸 상태가 나쁘거나 기분이 좋지 않으면 고운 음색이 나오지 않기 때문이다. 몇 년 전 SBS 「8시 뉴스」를 진행했던 박상규 앵커는 당시 한 인터뷰에서 목소리를 들으면 몸 상태가 어떠한지 알 수 있다며 좋은 목소리를 내기 위해 잠을 충분히 자고, 과로를 하지 않는다고 말했다.

물도 충분히 마셔 주었다. 수분 섭취는 나뿐만 아니라 모든 아나운서들이 목 관리를 위해 필수적으로 하는 것이다. 물은 성대의 점막을 촉촉하게 해 줘서 진동이 잘 되고 진동에 의한 충격도 줄여 준다. 이때 차가운 물보다는 미지근한 물이 목에 좋다. 그렇다고 물을 지나치게 마시는 것은 바람직하지 않다. 복통으로 병원 신세를 질 수도 있으므로 하루에 2L 정도를 수시로 마셔 주는 것이 성대를 촉촉하게 유지하는 데 효과적이다. 좋은 자세를 유지하는 것도 중요하다. 등을 곧게 펴고 약간 긴장된 자세를 유지할 때 좋은 음색이 나온다. 하지만 지나치게 몸을 긴장시키는 것은 좋지 않다. 몸에 과도하게 힘이 들어가면 강압적이고 상대에게 불쾌감을 줄 수 있는 음색이 나올 수 있다.

아울러 목소리에 열정과 마음을 담으려고 노력했다. 목소리는 기능적인 것이 아니라 지극히 감성적인 것이기 때문에 목소리에 열정과 마음을 싣지 않으면 좋은 음색을 내기 힘들다. 슬픈 소식을 알리는 아나운서의 음색이 상황에 맞지 않게 들떠 있다고 상상해 보라.

실제로 KBS 아나운서 출신의 방송인 김경란이 KBS 2TV 「스펀지」 등 다수의 프로그램을 진행할 때 이런 얘기를 한 적이 있었다.

"시청자들에게 즐거움을 선사하는 「스펀지」를 진행할 때는 가벼운 마음으로 편안하면서도 밝고 맑은 음색으로 말을 하고, 뉴스를 진행할 때는 진지한 마음으로 차분하면서도 힘이 있는 음색을 구사한다."

물론 이러한 방법들이 좋은 음색을 내는 데 100% 효과를 발휘한다고 장담할 수는 없다. 그러나 잘 활용하면 건강한 성대를 유지할 수 있다. 성대 관리를 잘하기로 유명한 성우들만 봐도 50살이 넘은 나이에도 젊은 사람 못지않은 좋은 음색을 가진 이들이 많다. 보통 사람들보다 성대를 많이 쓰는데도 말이다.

상대에게 호감받는 이미지를 주고 싶은가. 당신의 품격을 높이고 싶은가. 그렇다면 음색을 가꾸는 데 주저하지 말라. 음색이 변하는 순간, 당신의 이미지는 몰라보게 달라질 테니…….

TIP 좋은 음색을 내기 위한 기본자세

매력적이고 아름다운 목소리를 내기 위해서는 자세도 중요하다. 목소리는 성대에서 나오는데 자세와 무슨 상관이 있을까 싶겠지만, 자세가 바르지 못하면 좋은 음색을 낼 수 없다. 때문에 아나운서들은 좋은 목소리를 내기 위해 자세에도 많은 신경을 기울인다. 다음은 아나운서들이 좋은 음색을 내기 위해 취하는 기본자세다.

1. 얼굴, 턱, 목, 어깨, 팔 등 상체에는 힘을 빼고 다리에는 약간 힘을 준다.
2. 시선은 전방 15~20도를 향한다. 이 상태에서 발끝에 중심을 두고 몸 전체를 약간 앞으로 기울인다. 이때 발바닥은 지면에서 떨어지면 안 된다.
3. 머리나 목의 위치는 성대에 지대한 영향을 미치므로 과도하게 위를 향하거나, 혹은 아래를 향하지 않도록 주의한다.

/ 2교시

목소리를 가득 채워라, 성량

　나는 뮤지컬을 볼 때마다 매번 배우들의 성량에 놀란다. 넓은 극장을 가득 채우는 그들의 목소리를 듣고 있노라면 가슴속까지 뻥 뚫린다. 춤과 연기를 하면서 노래를 부르다 보면 숨이 찰 법도 한데, 그들의 목소리는 막이 내릴 때까지 쩌렁쩌렁하다.

　뮤지컬 배우들이 이처럼 성량이 풍부해지도록 하는 이유는 관객들 앞에서 노래와 연기를 해야 하기 때문이다. 목소리가 작은데 수많은 사람들에게 어떻게 정확한 메시지를 전달하고, 감동을 줄 수 있겠는가.

　아나운서도 마찬가지다. 불특정 다수에게 정보를 전달하기 때문에 성량은 아나운서에게 중요한 자격 요건이다. 특히 스포츠 중계 아나운서에게 있어 성량은 아나운서로서의 능력을 판가름하는 지표가 된다.

　축구 중계를 하는 아나운서들을 떠올려 보자.

축구는 전·후반 45분 경기이기 때문에 운동장을 뛰는 선수도 힘들지만 중계를 위해 쉼 없이 말을 하는 아나운서도 지치게 마련이다. 시간도 시간이려니와 시·청취자들에게 현장감과 긴박감을 전달하기 위해 소리를 질러야 하고, 극적인 상황이 빈번하게 벌어지는 경기를 묘사하다 보면 목소리에서 힘이 빠지기 쉽기 때문이다.

그뿐인가. 승패와 상황을 예측할 수 없는 경기의 흐름도 예상해야 하고, 빠짐없이 경기 모습을 전달하려면 경기에 온 신경을 집중해야 하기 때문에 강한 체력과 풍부한 성량이 없으면 중계를 해낼 수 없다.

믿지 못하겠다면 시험 삼아 TV를 보면서 축구 중계를 해 보라. 전반전만 중계를 해도 목과 눈이 아프고, 발음도 안 되고, 머리도 멍해질 것이다. 그래서 스포츠 중계 아나운서들은 경기 내내 바른 자세와 고른 목소리를 내기 위해 체력과 성량을 기르기 위한 훈련을 잊지 않는다.

물론 일반인들은 대중 앞에서 말할 기회가 거의 없기 때문에 아나운서나 뮤지컬 배우처럼 성량이 풍부할 필요는 없다. 그렇지만 간과해서는 안 된다. 일대일 커뮤니케이션에서도 성량은 중요한 역할을 하기 때문이다.

예전에 직원을 충원하기 위해 구인공고를 낸 적이 있었다. 많은 사람들이 응시했고, 그중 여러 면에서 월등한 사람이 있었다. 최종면접을 보기로 한 사람은 3명이었지만, 나는 내심 한 응시자에게 마음을 두고 있었다.

면접 날, 두 사람이 먼저 면접을 보고 마지막으로 기대를 하고 있던 남자의 면접을 봤다. 예상대로 외모도 준수하고 자세도 반듯하여 보자마자 마음에 쏘옥 들었다. 그러나 목소리를 듣는 순간, '큰' 실망을 했다. 그는 시종일관 작은 목소리로 웅얼대서 무슨 말을 하는지 도통 알아들을 수가 없었다. 답답한 나는 그에게 소리를 높여 달라고 부탁했지만, 그의 목소리는 좀처럼 나아지지 않았다.

결국 나는, 여러 면에서 부족하지만 자신의 의사를 또랑또랑한 목소리로 전달한 다른 응시자를 뽑았다.

이런 내 선택에 "목소리 작은 게 무슨 대수야?"라고 의아해하는 사람도 있을지 모르겠다. 하지만 목소리가 작으면 전달력도 떨어질 뿐더러 무기력하고 자신감 없는 사람으로 비칠 수 있다. 나 역시 단순히 그 응시자의 목소리가 작아서 선발하지 않았던 것이 아니라, 작은 목소리로 인해 느껴지는 자신감 없고 의욕 없는 모습에 그를 뽑지 않았다.

실제로 예로부터 목소리를 통해 상대방의 됨됨이를 평가했는데, 목소리가 너무 작은 사람은 인품이 훌륭하지 못하다고 생각했다. 매사에 의욕적이지 않고 꿍꿍이가 많은 사람으로 여겼기 때문이다. 성량은 이처럼 목소리가 크고 작음의 문제를 떠나 그 사람을 판단하는 기준이 된다.

뿐만 아니라 어떤 일의 성패를 좌우하는 키워드가 되기도 한다. 특히 비즈니스 자리에서는 더욱 그렇다. 성량이 풍부하여 목소리가 크고 분명하면 상대방의 기선을 제압할 수 있을 뿐 아니라 자신감이 넘쳐 보여 신뢰감을 줄 수 있다.

중학교 때, 이런 일이 있었다.

한 주제를 가지고 조를 나누어 토론을 하는 시간이었는데, 각 조의 팀장이 팀원들의 의견을 수렴하여 대표로 발표를 하게 되었다. 그중 한 팀장의 모습이 아직도 눈에 선한데, 그 이유는 목소리가 매우 작았기 때문이다. 그 친구의 작은 목소리 때문에 선생님은 "어? 뭐라고 했지? 다시 크게 말해 봐"라고 계속 얘기를 해야만 했고, 아이들은 답답함을 느꼈다. 하지만 그 친구의 목소리는 커지지 않았고, 선생님을 제외한 반 아이들은 귀를 기울이지 않았다.

발표가 끝난 후, 선생님께서는 각 팀들의 의견을 다시 한 번 정리해 주고, 가장 좋은 의견을 내놓은 팀을 발표하였다. 덧붙여 작은 목소리 때문에 곤욕을 치른 팀장이 발표한 내용을 다시 정리해 주면서 우승팀 못지않게 훌륭한 의견이었다고 말하였다. 결국 팀장의 작은 목소리로 인해 팀원들의 좋은 의견이 빛을 발하지 못한 것이었다.

상대에게 어필을 하고 좋은 인상을 심어 주려면 목소리의 크기를 간과해서는 안 된다. 작은 목소리는 연인에게 사랑을 속삭일 때, 혹은 비밀스러운 얘기를 할 때나 쓸모가 있다.

타고난 성량은 없다

예전에 인터넷에서 발레리나 강수진의 발이 화제가 된 적이 있었다. 우아한 모습과 달리 그녀의 발은 추상화를 그리는 화가가 그려 놓은 것처럼 기묘하기 이를 데 없었다. 그러나 사람들은 그 발을 보고 혐오감을 느끼기보다는 감동을 받았다. 그 발은 그녀가 흘렸을 땀의 결정체였기 때문이다.

실제로 동양인으로서 세계 5대 발레단에 꼽히는 독일 슈투트가르트 발레단의 수석 발레리나가 되기까지 그녀는 피나는 훈련을 했다.

그녀는 한 인터뷰에서 자신의 연습량에 대해 이렇게 말했다.

"일주일에 10켤레 정도의 토슈즈를 갈아 신어야 할 정도로 연습을 했다. 한번은 19시간을 쉬지 않고 연습했던 적도 있다."

그러면서 그녀는 자신이 이처럼 연습하지 않았다면 지금의 성공은 없었을 것이라고 말했다. 피나는 훈련이 그녀를 세계적인 프리마돈나로 거듭나게 한 것이다.

성량도 다를 바 없다. 발레리나가 훈련을 하면 할수록 체력이 향상되고, 동작과 연기에 아름다움과 노련미가 배어 나오듯 성량도 훈련을 하면 풍부해진다.

2013년 현재 방송생활 28년째를 맞은 SBS「이숙영의 파워 FM」진행자 이숙영 아나운서는 성량이 풍부하기로 유명하다. 그러나 그녀가 처음부터 성량이 좋았던 것은 아니다. 아나운서 준비를 할 당시 그녀는 다른 사람들과 마찬가지로 성량이 그리 풍부하지 않았다고 한다. 그녀의 성량이 풍부해진 이유는 아나운서 시험 준비를 하면서 피나는 훈련을 한 덕분이다. 그녀는 늘 크게 말하는 연습을 하여 성량을 키우는 노력을 했다.

이숙영 아나운서뿐만이 아니다. 다른 아나운서들도 훈련을 통해 풍부한 성량을 가진 경우가 많다. 그들은 말을 할 때 3미터 앞에 사람들이 있다는 생각을 항상 염두에 둔다. 물론, 라디오는 조금 다르지만 말이다.

라디오는 특성상 일대일 커뮤니케이션을 하는 듯한 느낌을 주기 때문에 진행자의 목소리가 지나치게 크면 듣는 사람 입장에서는 시끄럽고 피곤하다. 때문에 아나운서들은 매체나 프로그램에 따라 목소리 크기를 조절하며, 성량을 키우는 연습을 쉼 없이 한다. 성량이 갖추어져야 목소리의 크기를 자유자재로 구사할 수 있기 때문이다.

그래서 나는 강의를 할 때 지망생들에게 '풍부한 성량은 아나운서의 기본'이라고 늘 강조한다. 덧붙여 성량은 얼마든지 훈련을 통해 키울 수 있다는 말도 잊지 않는다. 실제로 나 역시 훈련을 통해 성량을 키웠고, 지망생들 중에 성량이 풍부한 사람들을 보면 열에 아홉은 학교에서 임원이나 응원단장을 했던 경력이 있다. 사람들 앞에 설 기회가 많다 보니 자신도 모르게 성량을 키우는 훈련이 된 것이다. 그러므로 성량이 작다고 좌절할 필요는 없다.

성량을 키우려면 우선 큰 소리를 내는 데 익숙해져야 한다. 성량이 작은 사람들을 보면 다른 사람에게 경박스러운 느낌을 줄까 봐 대부분 큰 소리 내는 것을 꺼려한다. 하지만 이러한 자세부터 고쳐야 한다. 입을 크게 벌리고 내뱉는 듯한 느낌으로 소리를 내는 연습을 해야 작은 목소리도 커진다. 따라서 복식호흡도 중요하다. 왜냐하면 목소리가 작고 힘이 없는 경우는 호흡법이 잘못된 경우가 많기 때문이다.

숨을 들이마실 때 배가 들어가고, 내쉴 때 배가 나오는 흉식호흡을 하면 목소리의 울림이 감소한다. 반면, 복식호흡은 흉식호흡과 반대로 숨을 들이쉬면서 배가 나오도록 하고 내쉬면서 배가 자연스럽게 들어가도록 해야 한다. 이렇게 하면 흉식호흡보다 30%나 공기를 많이 흡입할 수 있기 때문에 높아진 공기의 압력으로 인해 보다 쉽게 소리를 낼 수 있다. 대부분의 사람들이 흉식호흡을 하는 까닭에 처음에는 어색하고 힘들겠지만, 연습을 하다 보면 익숙해지고 성량이 커진다.

또 신문이나 책을 읽을 때 소리 내어 읽는 습관도 효과적이고, 평소 말을 할 때 많은 사람들이 앞에 있다고 생각하고 얘기하는 방법도 좋다.

다만, 이때 무턱대고 소리를 질러서는 안 된다. 무작정 큰 소리를 내면 음 높이가 점점 올라가 목소리가 갈라지고, 성대가 망가진다. 무엇보다 상대방에게 좋은 느낌을 줄 수 없으므로 무조건 소리를 지르는 방법은 바람직하지 않다.

TIP 복식호흡하는 방법

복식호흡법은 간단하다. 지금까지 흉식호흡을 했다면 그 반대로 호흡을 하면 된다. 그러나 실행하기는 매우 어렵다. 오랫동안 무의식적으로 행하던 호흡법을 바꾸는 일이기 때문이다. 그렇다고 지나치게 무리해서는 안 된다. 무리하면 오히려 몸이 긴장할 뿐만 아니라 금방 지치게 되므로 처음에는 10분 정도 연습을 하다가 점차 시간을 늘리는 것이 좋다.

1. 가장 편안한 자세를 취한다. 앉아도 좋고, 누워도 좋다. 다만 눈을 감고 배에 정신을 집중시킨다.
2. 천천히 깊게 숨을 들이마시면서 가슴이 아니라 배가 부풀어 오르도록 한다. 무리가 가지 않도록 평소 자신의 호흡보다 조금 길게 들이마신다.
3. 배로 모은다는 느낌으로 숨을 들이마신 후 얼굴이 빨개질 때까지 숨을 참는다. 이때 목에 힘이 들어가지 않도록 한다.
4. 숨을 들이마실 때보다 2배 정도 길게 숨을 내뱉는다. 이때 배가 자연스럽게 들어가도록 한다.
5. 호흡을 매번 일정하도록 유지하면서 틈틈이 연습한다.

/ 3교시

리듬을 타며 말하라, 음의 고저高低와 강세

'솔'로만 연주한 곡이 있다고 하자. 이를 음악이라고 할 수 있을까? 좋다. 누군가가 음악이라고 박박 우긴다고 하자. 그러면 이 음악을 듣고 기뻐하고, 슬퍼하고, 감상에 젖고, 감동할 사람이 있을까? 독특한 취향을 가진 사람이 아닌 이상 리듬이 없는 곡을 음악이라고 여기지는 않을 것이다. "태초에 리듬이 있었다"는 한스 폰 뷜로Hans Guido Freiherr von Bülow의 말처럼 리듬은 음악의 가장 근간이 되는 요소다. 재즈, 클래식, POP, 가요 등이 각자 고유의 색깔을 지니는 것은 리듬의 영향이 크다.

그렇다면 말에 리듬이 없다면 어떨까. 말이 아닌 것은 아니지만, 리듬을 살려야 말이 풍성해지고 상대를 매료시킬 수가 있다. 때문에 말에 리듬감을 살리는 일은 내 이미지를 높이는 효과적인 수단이 된다.

실제로 변호사이자 기업 자문가이며 『3분력』의 저자로 유명한 다카이 노부오는 대화의 주도권을 잡으려면 "시작은 느리게, 전개는 강하게 하라"며 리듬을 강조했다.

통일부 장관이었고 열린우리당 전 의장이었던 정동영 의원도 한 유세장에서 말의 리듬을 효과적으로 살려 사람들에게 깊은 인상을 주었다. 그는 참여정부가 이룬 성과를 언급하면서 '돈' '정보' '사람' '서울' 등의 단어를 리드미컬하게 나열, 반복했고 특정한 단어들을 대비시키면서 연설이 끝날 때까지 사람들의 마음을 사로잡았다. 이처럼 능수능란하게 말에다 리듬감을 불어넣을 수 있었던 것은 그가 정치인이 되기 전에 뉴스를 진행했던 방송인이었기에 가능했다. 음성을 통해서 정보를 전달하는 일이 직업이다 보니 리듬감을 살리는 연습을 하고, 이러한 훈련이 몸에 밴 정동영 의원은 리듬을 타며 자연스럽게 말을 할 수 있었던 것이다.

특히 오락 프로그램을 진행하는 아나운서들은 리듬감을 무엇보다 중요하게 여긴다. 리듬감 없는 말로는 사람들에게 즐거움을 선사할 수 없기 때문이다.

현재 프리랜서로 활동하고 있는 모 남자 MC가 그 대표적인 경우다. 프리랜서를 선언한 그는 초창기에 여러 개의 오락 프로그램을 맡았다. 그러나 그가 진행하는 프로그램은 오락성이 떨어져 조기 종영이 되거나 MC가 교체되는 수모를 겪었다. 말이 느린 데다 목소리도 밋밋하고 단조로워 분위기를 띄우지 못했기 때문이다. 말의 리듬감을 살려야 하는 오락 프로그램의 특성과 맞지 않았던 것이다. 그 때문에 한동안 방송에서 그를 볼 수 없었다. 물론 지금은 말의 리듬감을 살려 다시 활발하게 활동하고 있지만 말이다.

그러나 목소리가 단조롭던 사람이 갑자기 리듬감 있게 말하기란 쉽지 않다. 이런 사람들은 이렇게 해 보자.

강약을 주면 말이 리드미컬해진다

음악을 들었을 때 리듬감이 느껴지는 이유는, 파도가 넘실대듯 높은 음계와 낮은 음계가 반복적으로 이어지기 때문이다. 말도 이와 같아서 특정 부분을 도드라지게 하여 강약을 주면 리듬감이 살아난다. 즉 말을 할 때 특정 부분을 '강조'하라는 것이다.

말을 강조하는 데 있어 가장 손쉬운 방법은 음의 고저, 강세 등을 활용하는 것이다. 이 두 가지만 잘 활용해도 말이 리드미컬해진다.

우선 음의 고저를 살펴보자.

충청도, 경상도, 전라도, 강원도 등 각 지역마다 다른 '음의 고저'는 지방색을 드러내는 역할도 한다. 또 말을 맛깔스럽게 만드는 양념 기능을 하기도 한다. 주의 깊게 사투리를 들어 보면 마치 노래처럼 음의 고저로 인해 말이 리듬을 타고 흐르는 것을 느낄 수 있을 것이다.

그렇다고 말의 리듬을 살리기 위해 사투리를 배우라는 뜻은 아니다. 음의 고저의 폭이 크면 신뢰성이 떨어지므로 표준어를 쓰되, 상대의 마음을 사로잡고 편안한 느낌을 줄 수 있는 목소리의 톤을 찾아야 한다.

이를테면 아나운서들은 목소리의 높고 낮음이 제각각이지만, 공통적으로 상대방에게 호감을 주는 목소리 톤을 가지고 있다. 여성의 진동수를 200~250Hz 사이로 봤을 때 김주하 아나운서의 경우는 평균 여성보다 적은 190Hz로, 목소리가 매우 낮고 중성적이며 지적인 느낌을 준다. 반면 SBS 김소원 아나운서는 평균 여성보다 다소 많은 230Hz의 진동수를 가지고 있어 목소리가 높고 또렷하다. 이때 소리 진동수는 목소리의 높낮이를 결정하는 요인으로 진동수가 많을수록 높은 소리, 진동수가 적을수록 낮은 소리가 난다.

그러나 상대에게 좋은 느낌을 주는 목소리 톤을 찾기 위해 음성 전문 클리닉에 가서 자신의 목소리 진동수를 체크한다는 것은 현실적으로 힘든 일이다. 그렇다고 실망하지 말자. 이런 사람들을 위한 간단한 방법이 있다.

7음계 중에 '미' 소리가 일반적으로 사람들이 듣기에 좋은 톤이므로 이 음을 내기 위해 노력하면 된다. 다만 이것이 정답이라고 할 수 없고, 이 음으로만 말을 구사해서도 안 된다. 이 음을 중심으로 상황이나 분위기, 전달하는 내용에 맞게 변화를 줘야 단조롭지 않고 상대에게 편안함과 신뢰감을 줄 수 있는 말하기가 가능하다.

실제로 아나운서들은 이 방법을 이용해 음의 높낮이를 조절한다. 보통 '미' 정도의 음 높이로 얘기를 하다가 진지하고 슬픈 내용을 전달할 때는 '레' 정도로 낮추고, 기쁜 소식을 알릴 때는 '미'보다 높은 음을 구사한다. 그래서 뉴스 오프닝 멘트만 들어도 첫 번째 뉴스가 좋은 소식인지, 나쁜 소식인지 예측할 수 있다.

방송 장르에 따라서도 클래식 음악 프로그램처럼 차분하고 조용한 교양 프로그램은 '미'보다 낮은 음, 토크쇼처럼 흥미를 돋우는 오락 프로그램은 '미'보다 높은 음을 사용한다.

강세도 마찬가지다. 중요한 부분에 힘을 주면 말의 리듬감이 살아난다.

방송인 노홍철을 보자. 그는 보통 말 앞머리에 강세를 준다. "안녕하세요. 노홍철이에요"라고 했을 때 '안'과 '노'에 힘을 주어 말을 맛깔스럽게 풀어간다. 물론 노홍철이 강세를 올바르게 사용한다고 할 수는 없지만 말이다.

일반적으로 강세를 줄 때는 힘을 줘서 하지만, 반대로 힘을 빼서 강조하는 방법도 있다. 어떤 사람과 얘기를 나누는데 갑자기 상대방이 목소리를 낮춰 소곤거린다고 생각해 보라. 힘을 주어 강조할 때만큼 주목이 되지 않던가.

카운슬러나 컨설턴트들이 이 방법을 활용하여 상대방을 효과적으로 설득시킨다.

이뿐 아니라 강세는 메시지를 명확하게 전달하는 기능도 한다. 예를 들어 "아버지가 방에 들어가셨어"라는 말을 한다고 했을 때 어떤 부분도 강조하지 않으면 상대방은 문장을 한꺼번에 이해하기 힘들다. 이런 경우 글은 다시 읽으면 되지만, 말은 일회성이기 때문에 되묻지 않는 이상, 일단 지나가면 또 다른 말이 연이어 등장하기 때문에 놓치기 쉽다. '아버지'든 '방'이든 '들어갔다'든 한 부분을 강조해야 무엇이 중요한지 상대방이 깨닫고 말을 새겨듣는다. 이러한 강세의 특성 때문에 강조하는 부분에 따라 내용이 확연히 달라지기도 한다.

예전에 이런 일이 있었다. 아나운서 지망생들이 한 주제를 가지고 발표하는 시간이 있었는데, 주제가 공통이다 보니 내용상 크게 다른 점이 없었다. 그런데 유독 한 지망생의 발표가 특별하게 느껴졌는데, 그 비결은 매우 간단했다. 그 지망생은 발표를 하는 도중에 자신이 중요한 부분이라고 생각되는 지점에서 짧게 끊듯이 강하게 말을 했다. 중요한 부분에 강세를 주니까 듣는 사람들은 그 지망생이 말하고자 하는 논지를 쉽게 파악하고, 다른 지망생의 발표 내용과 다르다고 느꼈던 것이다.

이러한 강세의 특성을 잘 활용했던 역사적 인물이 바로 아돌프 히틀러Adolf Hitler다. 그는 연설 내내 강한 악센트를 사용해 독일 국민들을 선동했다.

다만, 이 방법을 사용해 강조를 할 때는 무엇보다도 표현이 자연스러워야 한다. 의도적이고 인위적인 느낌이 나면 강조를 해도 말이 리드미컬하게 느껴지지 않는다.

하지만 자신의 목소리가 리듬감이 있는지 파악하기란 쉽지 않다. 일반인들은 성우나 아나운서들처럼 자신의 목소리를 모니터할 수 있는 기회가 없어서 제대로 알고 있는 경우가 드물다. 이럴 땐 평상시 자신의 목소리를 녹음하는 노력을 기울여 보자. 그런 다음 제3자의 입장에서 자신의 목소리가 어떠한지 객관적으로 관찰하자. 만약 목소리가 단조롭고, 무기력하고, 어둡고, 우울하게 느껴진다면 망설이지 말고 아나운서들처럼 말에 볼륨을 살려라. 엠보싱처럼 말이 리드미컬해지면 밝고, 유쾌하고, 에너지가 넘치는 매력적인 모습으로 변모할 수 있다.

TIP 말의 리듬과 발음과의 관계

말의 리듬과 발음은 밀접한 관련이 있다. 표준 발음을 하면 말의 리듬에 변화가 생기고 듣기에 부드럽고 아름답다. 반면 비표준 발음은 말의 리듬이 단조롭고 딱딱하다. 비표준 발음을 많이 하는 일반인보다 표준 발음을 하는 아나운서들의 말이 음악처럼 듣기에 좋은 이유는 바로 이 때문이다. 그러므로 말에 아름다운 리듬감을 살리려면 표준 발음을 해야 한다. 「표준어 규정 해설집」에 나오는 '표준 발음법'을 공부하면 도움이 된다.

/ 4교시

매혹적인 말의 빠르기, 속도

'Adagio, Andante, Moderato, Allegretto'. 이 단어들만 보면 나는 저절로 중학교 때가 떠오른다. 시험에 등장할 때마다 얼마나 골탕을 먹었던지…….

이것은 곡의 빠르기를 나타내는 음악 용어다. 연주자들은 이 표시에 맞춰 연주 속도를 조절한다. 이를 무시하고 연주를 해도 음악이 되는데 말이다. 연주자들이 이 표시를 철저하게 지키는 이유는 그 속도로 연주를 해야만 음악이 담고 있는 메시지, 느낌, 여운 등을 온전히 전달할 수 있기 때문이다.

말도 다를 바 없다. 속도에 따라 전달 효과가 달라지기 때문에 매혹적인 말하기를 하려면 속도를 늘 염두에 두어야 한다. 만약 속도에 신경 쓰지 않으면 빠른 랩 가사를 들을 때처럼 상대방이 말을 알아듣지 못하는 사태가 벌어진다. 물론 빠르게 말하더라도 알아듣기 쉽다면 상관없다. 한때 인기를 끌었던 '수다맨'처럼 말이다. 문제는 불분명하게, 주위 사람의 반응을 살피지 않고 빠르게 말할 때이다.

아나운서 지망생들을 보면 처음에는 발음을 정확하게 구사하는 데만 신경을 쓴 나머지 속도의 중요성을 놓치는 경우가 비일비재하다. 설령 속도를 염두에 두고 있다고 해도 처음에는 침착한 어조로 말하다가도 어느 순간 빨라진다. 특히 사람들 앞에 서면 그 현상이 더욱 도드라져 나중에는 주위 반응은 신경도 쓰지 않고 속사포처럼 얘기를 한다.

그렇다고 빨리 말하기가 무조건 나쁘다는 얘기는 아니다. 거침없는 말투는 상대에게 지적인 이미지를 줄 수 있다. 하지만 세련되고 품격 있는 이미지를 주기에는 적당치 않다. 대통령이나 예술가가 속사포처럼 말을 쏟아 낸다고 생각해 보라.

반대로 느리게 말할 때도 문제가 된다. 지금은 종영된 프로그램이지만 MBC「수요예술무대」를 진행했던 김광민, 이현우는 말이 느려서 처음 방송이 나갔을 때 그들의 어눌하고 느린 말투 때문에 사람들은 대개 답답함을 느꼈다. 그들과 MC는 맞지 않는다는 의견이 지배적이었음은 물론이다. 하지만 나중에는 오히려 그것이 그들만의 매력으로 받아들여졌다.

그런데 직장에서 그처럼 느리게 말을 한다고 가정해 보자. 상사에게 답답하고 게으르고 무능력한 직원으로 찍혀 인사고과가 형편없을 것이 자명하다.

우리가 아나운서를 벤치마킹해야 하는 이유가 여기에 있다. 아나운서들은 정해진 시간에 정보를 전달해야 하기 때문에 말이 느리지도 않고, 그렇다고 지나치게 빠르지도 않다.

도대체 이들은 어떻게 항상 적당한 속도를 유지하는 것일까?

아나운서들의 말하기 비밀, 맞춤형 속도

　MBC 라디오 「57분 교통정보」를 진행했던 김희조 교통 캐스터는 프로그램 특성상 1분 안에 서울 시내 교통정보를 전달해야 하므로 다른 프로그램을 진행할 때보다 훨씬 빠르게 말한다. 이것을 '맞춤형 속도'라 한다.

　김희조 교통 캐스터뿐만 아니라 모든 아나운서들이 상대방, 상황, 때, 장소, 전달하고자 하는 내용에 맞게 그때그때 속도를 조절한다.

　가령 아나운서들은 청자聽者가 이해력, 판단력이 뛰어난 지식인 계층일 때는 시시콜콜하게 말을 늘이지 않고 빠른 속도로 얘기를 진행한다. 반면 이해력이 떨어지는 노인이나 어린이를 상대할 때는 천천히 또박또박 얘기를 한다.

　「뽀뽀뽀」나 「TV 유치원」을 보라. 진행자들은 "오늘이 무슨 요일인지 아세요? 네, 월요일이에요"라는 식으로 아이들이 알아듣는지, 그렇지 못한지 표정을 살피면서 느리게 진행한다.

이렇게 속도를 조절하기 때문에 아나운서들은 적당한 빠르기로 말할 수 있는 것이다. 그러나 말을 하다 보면 무의식중에 이 점을 잊기 쉽기 때문에 훈련이 필요하다.

아나운서들도 처음부터 속도 조절을 잘했던 것이 아니라 훈련을 통해서 다듬었다. 아침 방송을 진행하는 한 여성 아나운서는 말의 속도를 조절하기 위해 60초 동안 자신이 몇 단어를 말하는지 체크한 후, 그 속도를 올리기도 하고 낮추기도 하면서 연습을 했다고 한다.

나도 마찬가지다. 다소 소극적이었던 나는 사람들 앞에 나서기를 두려워해서 학창시절 발표 시간은 공포의 대상이었고, 발표라도 할라치면 어느새 말이 빨라졌다. 이런 내가 아나운서 역할을 수행할 만큼 속도 조절을 자유자재로 할 수 있었던 것은 피나는 노력 덕분이다.

내 훈련법은 간단했다. 300~400자 정도 되는 글을, 시간을 달리하여 읽는 연습을 꾸준히 했다. 이를테면 1분에 400자를 빠르게 읽기도 하고, 200자를 느리게 읽기도 했다. 그러다 보면 속도를 능수능란하게 조절할 수 있는 능력이 생긴다.

또 하나는 호흡 조절을 했다. 평상시 소리 내어 글을 읽을 때 숨 쉴 곳을 표시해 두었다가 그 부분에서 끊어 읽었다. 그러면 특히 말이 빠른 사람들은 효과적으로 속도를 조절할 수 있다. 이때 중요한 것은 박자를 맞춰 정확히 숨을 쉬어야 한다. 이렇게 하면 호흡이 고르게 되고, 발음도 교정할 수 있으며, 말의 속도도 조절할 수 있다.

당신의 말 속도는 빠른가, 느린가. 만약 지나치게 빠르거나 느리다면 개선하고, 여러 변수 속에서도 속도를 조절할 수 있는 능력을 키워라. 그래야 아나운서처럼 매혹적으로 말할 수 있다.

TIP 상황에 맞는 말의 속도

아나운서들이 말을 할 때 속도가 항상 적당하다고 느껴지는 이유는 때와 장소, 상대방, 상황 등에 맞게 조절을 하기 때문이다. 따라서 아나운서들처럼 적당한 속도로 말하려면 어떤 상황에서 어느 정도의 빠르기로 말해야 하는지 파악해 둘 필요가 있다.

- 상대가 말이 빠르거나 설전을 벌일 때 : 빠른 속도로 말하는 것이 효과적이며, 대개 1분에 400음절 정도 말하면 된다.

- 많은 사람들 앞에서 말을 할 때 : 사람들의 표정을 살피며 중간 정도의 속도로 말하는 것이 듣기에 편안하며, 대개 1분에 300음절 정도 말하면 된다.

- 상대의 이해도가 떨어지거나 설득을 해야 할 때 : 느리게 강조하면서 말하는 것이 좋고, 보통 말의 속도는 1분에 250음절 정도가 적당하다.

/ 5교시

발음에도 표준이 있다, 발음

　미국의 뉴스 전문 채널 MSNBC의 한 토크쇼에서 '부시는 바보인가'라는 주제를 가지고 토론을 벌인 적이 있었다. 그 프로그램의 진행자는 공화당 출신 보수 인사인 조 스카버러Joe Scarborough. 그는 부시가 대통령 재임 기간 동안 했던 각종 말실수를 자료화면으로 보여 주면서 그가 미국의 신뢰성을 떨어뜨리고 있다고 비난했다.

　그중 가장 기억에 남는 내용이 있는데, 바로 그의 부정확한 발음 때문에 벌어진 해프닝이다. 나는 그 장면을 보면서 도저히 웃음을 참을 수 없었다. 한 연설장에서 그는 엄숙한 표정으로 "인류와 생선이 평화롭게 공존할 수 있다"는 선언을 한 것이다. 이런 부시를 보고 한 팝가수는 "남부 출신 아가씨들은 부시가 텍사스 출신이라는 데 곤혹스러워하지만, 나는 그가 미국 출신이라는 게 당황스럽다"고 풍자했다.

발음은 이처럼 일국의 대통령을 웃음거리로 만들 만큼 이미지에 절대적인 영향을 미친다. 뿐만 아니라 발음이 부정확하면 살아가면서 불이익을 당할 수도 있다.

혀가 짧아 부정확한 발음을 하는 내 친구도 그랬다. 알아듣지 못할 정도로 발음이 형편없지는 않아서 일상생활을 하는 데는 큰 불편이 없었다. 문제는 공식적인 자리에 섰을 때였다. 특히 발음 때문에 면접시험에서 수차례 고배를 마셨다. 결국 그 친구는 능력이 뛰어남에도 눈높이를 낮춰 작은 회사에 들어가야만 했다.

비단 내 친구만의 얘기는 아닐 것이다. 비즈니스 자리에서 상대의 발음이 불분명하면 능력이 출중하고 목소리가 좋더라도 호감이나 신뢰감이 생기지 않게 마련이다.

그뿐인가. 부정확한 발음은 자신감을 떨어뜨려 사람을 주눅 들게 만든다. 박철희 감독이 만든 영화 「예의 없는 것들」에 나오는 주인공 '킬라'는 정확하지 않은 발음을 하는 사람들의 고뇌를 잘 그리고 있다. '킬라'는 혀 짧은 소리를 내며 사느니 차라리 말을 하지 않겠다며 벙어리처럼 사는 인물로, 짧은 혀를 수술하기 위한 돈을 마련하기 위해 킬러의 길을 걷는다.

물론 이것은 영화이기 때문에 과장된 면이 없진 않지만, 부정확한 발음을 하는 이들의 괴로움은 우리가 상상하는 것 이상이다.

그런 의미에서 정확한 발음을 구사하는 아나운서들은 모범적인 모델이다. 아나운서의 가장 중요한 역할은 정보 전달이기 때문에 아나운서들은 발음에 촉각을 곤두세운다. 발음이 부정확하면 아무리 음색이 맑고, 성량이 풍부하고, 외모가 출중하더라도 아나운서가 될 수 없다.

따라서 지망생들은 무엇보다 발음 교정에 많은 시간과 노력을 할애한다. 아나운서가 되어서도 마찬가지다. KBS「뉴스9(주말)」의 김진희 아나운서는「도전 골든벨」을 진행했던 최원정 아나운서에게 발음 교육을 받았다고 한 인터뷰에서 털어놓은 바 있다. KBS「상상플러스」를 진행했던 백승주 아나운서도 '읽기' 코너가 생긴 이후 수백 번 발음 연습을 하고 난 다음에 촬영에 들어갔다고 고백했다. MBC「뉴스데스크」를 진행했던 박혜진 아나운서 역시 시간이 날 때마다 국어사전으로 정확한 발음을 찾고 연습했다고 했다.

그렇다면 아나운서들처럼 정확한 발음을 구사하려면 어떤 훈련을 해야 할까?

한 글자씩 또박또박 읽어라

흔히 볼펜을 입에 물고 발음을 연습하면 효과가 있다고 알려져 있는데, 결코 그렇지 않다. 오히려 볼펜 등을 이용하면 입 모양이 망가질 수 있다. 무엇보다 발음은 기계적인 것이 아니기 때문에 도구를 사용하지 않아도 충분히 교정할 수 있다.

발음을 교정하는 가장 효과적인 방법은 한 글자씩 천천히, 정확하게 말하는 것이다.

대구 토박이인 KBS의 한 여성 아나운서는 대학교를 다닐 때에도 심하게 경상도 사투리를 사용했다고 한다. 그런 그녀가 사투리를 고치기 시작한 것은 아나운서 준비를 하면서부터이다. 그녀는 "사투리를 쓰는 애가 무슨 아나운서냐?"는 주변 사람들의 반대에도 불구하고 아나운서의 꿈을 포기하지 않았다.

그녀는 심한 사투리를 고치고 정확한 발음을 구사하기 위해 매일 9시 뉴스를 녹음하고 이것을 받아 적은 다음 잠자기 전, 그리고 새벽에 일어나 집중적으로 연습을 했다. 그녀는 억양과 장단, 음절 등을 일일이 확인하면서 천천히, 또박또박 정확하게 발음 훈련을 했다. 덕분에 그녀는 학교에서 한 방송국의 실습 과정이 열렸을 때 뉴스를 담당하는 국장으로부터 "서울에서 살았던 적이 있느냐?"는 말을 들을 정도로 사투리도 많이 고치고 발음도 정확해졌다. 또한 KBS 사장이 직접 격려를 아끼지 않을 정도로 높은 성적으로 아나운서 시험에 당당하게 합격했다. 그녀는 한 인터뷰에서 외국인이 한국어를 공부하듯 발음 연습을 했다고 말했다.

나 역시 정확한 발음을 내기 위해 신문과 책 등을 천천히 소리 내어 읽는 연습을 했다. 이때 초성, 중성, 종성을 나누어 발음하면 더욱 효과적이다. 그 이유는 일반인은 보통 중성, 종성의 발음이 약하기 때문이다. 대부분 단어의 첫머리에 나오는 자음인 '초성'은 분명하게 발음을 하는데, 그 뒤에 등장하는 모음인 '중성', 마지막 소리에 해당하는 자음인 '종성'은 약하게 발음한다. 그래서 발음 연습을 할 때 먼저 초성, 중성, 종성을 구분해서 연습하고 그 다음에는 붙여서 '음절'을 발음하고, 그 후에 음절을 붙여 '단어'를 발음하는 식으로 하면 발음 교정이 쉬워진다.

쉽게 말하면 이런 식이다.

'국민'이라는 단어가 있다고 했을 때, 먼저 'ㄱ'(초성) 'ㅜ'(중성) 'ㄱ'(종성)을 먼저 또박또박 말한 다음, 붙여서 '국'을 발음한다. '민'도 같은 방식으로 한 다음 마지막에는 '국민'을 발음하는 식이다.

여기에 음의 장단을 응용하는 능력을 더하면 보다 정확한 발음을 낼 수 있다. 우리말 중 장단음으로 이루어진 단어는 무려 1만 5,000개 정도에 이른다고 한다. 그래서 같은 말이라 하더라도 음의 길이가 다르고, 그 의미도 같지 않다.

이를테면 동물의 종류인 '말', 입에서 나오는 '말'이나, 신체의 일부인 '발'과 창에 치는 '발' 같은 경우다. 이 점을 유의하면서 음의 장단을 구사하면 발음이 훨씬 정확해진다.

호흡이 새 나가지 않도록 하면서 큰 소리로 글을 읽는 것도 도움이 된다. 이 방법은 SBS 「김미화의 U」, MBC 라디오 「김미화의 세계는 그리고 우리는」을 진행했던 방송인 김미화가 좋은 목소리를 내고 정확한 발음을 구사하기 위해 썼던 방법이다.

아나운서들처럼 호감받는 이미지를 갖고 싶다면 특히나 발음에 신경을 써라. 당신이 뱉은 발음 하나에 당신의 품격이 달라지기 때문이다.

> **TIP** 발음 연습

아나운서들은 발음 교정을 위해 발음하기 힘든 문장들을 소리 내어 읽는 연습을 많이 한다. 다음은 아나운서들이 정확한 발음을 위해 수없이 연습하는 문장이다. 따라해 보자.

1. 간장 공장 공장장은 강 공장장이고, 된장 공장 공장장은 공 공장장이다.
2. 들의 콩깍지는 깐 콩깍지인가 안 깐 콩깍지인가. 깐 콩깍지면 어떻고 안 깐 콩깍지면 어떠냐. 깐 콩깍지나 안 깐 콩깍지나 콩깍지는 다 콩깍지인데…….
3. 중앙청 창살은 쌍창살이고, 시청 창살은 외창살이다.
4. 저분은 백 법학 박사이고, 이분은 박 법학 박사이다.
5. 앞집 팥죽은 붉은 팥 풋팥죽이고 뒷집 콩죽은 햇콩 단콩 콩죽이고 우리 집 깨죽은 검은깨 깨죽인데 사람들은 팥죽, 콩죽, 깨죽 죽 먹기를 싫어하더라.

자율학습 1

제2의 얼굴을 성형하라, 표정

 '웃는 얼굴에 침 뱉으랴' '미소 없는 얼굴을 한 사람은 가게를 열지 마라' '일소일소 일노일노' 笑一少 怒一老 '소문만복래' 笑門萬福來 등 표정에 관련된 속담이나 명언들이 많다. 그만큼 표정이 중요하다는 의미일 것이다. 혹자는 표정이 인상을 바꿀 뿐 아니라 운명까지 바꿔 놓을 수 있다고 얘기한다. 그도 그럴 것이 유명인들 중에 표정 하나로 운명을 바꾼 이들이 많다.

 칸 영화제에서 여우주연상을 수상한 영화배우 전도연을 보자. 그녀가 사람들에게 처음 얼굴을 알린 것은 모 회사의 과자 광고였다. 그녀는 모델이라고 하기엔 지나치게 평범하고 수수해서 "저런 사람도 모델을 하네"라는 말을 들었다. 당시 전형적인 미인 스타일이 주목을 받고 있었기에 그녀의 모습은 생뚱맞기까지 했다.

그래서 국민 여배우로 성장한 전도연은 배우를 꿈꾸는 연기 지망생들에게 선망의 대상이다. 평범한 마스크를 가진 사람도 성공할 수 있다는 희망을 심어 주었기 때문이다.

나 역시 처음에는 그녀의 성공을 의아하게 생각했다. 얼굴도 얼굴이지만, 작은 키에 코맹맹이 목소리를 가진 그녀는 배우로서 대성하기에 부족한 점이 많아 보였다. 그러나 나는 그녀의 웃는 표정만큼은 100만 달러짜리라고 생각했다. 콧등에 주름을 잡으며 환하게 웃는 그녀의 표정은 어린아이처럼 순수하고 맑아서 다른 사람까지 행복하게 했다. 전염성 강한 그녀의 웃는 표정 하나가 사람들의 마음을 사로잡았고, 지금의 전도연을 있게 만든 것이다.

실제로 상대방을 처음 대면했을 때, 이미지를 판단하는 데 걸리는 시간은 불과 10초 정도이고 좋은 인상을 결정짓는 요소는 웃는 얼굴과 밝은 표정이라고 한다.

관상학자들이 사람을 볼 때도 얼굴의 생김새가 어떠한가만 보는 것이 아니라 표정을 반드시 살핀다. 표정만 봐도 그 사람의 현재 운이 어떠한가를 알 수 있다고 한다. 관상학자가 아니더라도 일반인들 또한 상대의 표정을 보고 그 사람의 삶이 평탄한지, 그렇지 않은지 어느 정도 짐작할 수 있다.

표정이 이렇게 중요하게 여겨지다 보니, 이를 인식한 사람들은 좋은 표정을 짓기 위해 부단한 노력을 한다. 미국 메릴랜드대학 '웃음 공학 연구소'의 연구 결과에 의하면 성인들 중에 80%는 정말 즐거워서 웃는 것이 아니라 사회적인 연대감을 위해 웃는다고 한다. 우리나라의 경우도 사회적인 연대감을 위해 표정 컨설턴트 회사를 찾아가 컨설팅을 받는 경우가 많다.

커뮤니케이션 능력이 생명인 아나운서들에게도 표정은 중요하다. 감정 전달은 커뮤니케이션의 기폭제이기 때문에 아나운서들은 표정 연습을 게을리하지 않는다. 기쁜 소식을 전달하는데 아나운서의 표정이 무뚝뚝하다고 생각해 보라. 정보를 열정적으로 전달하고자 하는 표정을 지어야 듣는 사람도 열정적으로 귀를 기울이기 때문에 풍부한 감성과 표정을 가진 아나운서가 정보 전달력이 뛰어날 수밖에 없다.

MBC「아주 특별한 아침」을 진행했던 이재용 아나운서가 그 대표적인 예다. 그는 인간적이면서 공정하고 판단력이 뛰어난, 뜨거운 가슴과 냉철한 이성을 가진 사람이다. 그래서 그가 진행하는 방송을 보면 가슴이 따뜻해지기도 하고, 어떤 주제에 관해 진지하게 고민하게도 된다.

한번은 60세를 바라보는 한 남자가 단역배우로 나선 사연이 소개된 적이 있었다. 그가 늦은 나이에 배우가 되기로 결심한 이유는 36년 전 잃어버린 아들 때문이었다. 그는 아들이 자신의 얼굴을 기억할 것이라 확신하고 방송에 나올 수 있는 배우가 되기로 결심했다고 한다.

이 모습을 보고 이재용 아나운서는 마치 자기 아이를 잃어버린 것처럼 가슴 아파했고, 그 마음이 표정으로 역력하게 드러났다. 그러면서 장기 미아를 둔 부모의 입장에 서서 조속한 시일 내에 대안을 마련해야 한다는 멘트를 남겼다.

그 모습은 시청자들에게 긴 여운을 남겼고 "정말 빠른 시일 내에 해결해야 할 문제구나" 하는 문제의식을 갖게 만들었다.

그래서 나는 아나운서 지망생들에게 이런 말을 자주 한다.

"말로 전달하기 전에 표정으로 말해야 한다. 말은 표정으로 전하지 못한 부분을 전달하는 최후의 수단이다."

하지만 평소 무뚝뚝한 표정을 가진 사람이 갑자기 풍부한 표정을 짓기란 쉽지 않다. 억지웃음이 되어 오히려 '가식적인 사람'으로 인식될 수도 있다. 그렇다고 포기해서는 안 된다. 기적을 바랄 만큼 어려운 문제는 아니니까 말이다.

웃기 때문에 행복한 것이다

표정이 어둡고 딱딱한 사람들은 항상 이런 말을 입에 달고 산다.

"웃을 일이 있어야 웃지."

그런데 천만의 말씀이다. 미국의 심리학자 윌리엄 제임스William James의 말처럼 사람은 행복하기 때문에 웃는 것이 아니라 웃기 때문에 행복한 것이다. 이는 여러 실험을 통해 이미 입증된 사실이다.

한 심리학자가 실험 참여자들을 두 그룹으로 나눈 후, 볼펜을 이로 물게 한 상태에서 그들에게 만화를 보여 주었다. 이때 한 그룹은 웃는 표정을 짓게 하고, 또 다른 그룹은 무표정하게 있도록 했다. 그런 다음 만화를 본 시청 소감을 비교했는데, 억지웃음이지만 웃는 표정을 지은 사람이 그렇지 않은 사람보다 만화를 더 흥미롭게 보았다는 결과가 나왔다. 그러니까 즐겁고 행복한 일이 없어서 표정이 어둡다는 말은 변명에 지나지 않는다. 연습을 하면 누구나 아나운서처럼 호감 가는 밝은 표정을 지을 수 있다.

많은 사람을 만나는 나는 이러한 광경을 수없이 목격한다.

얼마 전, 아카데미에 새로운 남자 직원이 들어왔는데 그는 누가 봐도 포커페이스였다. 아니나 다를까, 월요일 아침에 회의를 하는데 시종일관 무뚝뚝하게 내 얘기를 듣는 것이 아닌가. 그래서 나는 농담 반 진담 반으로 "무서워서 말을 하지 못하겠으니 호의적인 표정을 지어 달라"고 부탁했다. 이 얘기에 회의에 참석한 직원들은 박장대소를 했다.

다음 날, 그 직원은 오랜 시간 굳어진 표정이라 단시간에 바꿀 수는 없지만 거울을 보면서 표정 연습을 하겠다고 약속을 했다. 약속대로 그 직원은 연습을 지속적으로 했고, 지금은 표정이 많이 부드러워지고 편안해졌다.

포커페이스는 신비감을 유발하기도 하지만, 커뮤니케이션을 방해하는 장벽이 되기도 한다. '도대체 저 사람이 무슨 생각을 하고 있을까'라는 의혹과 오해를 불러일으키고, 추측을 하게 만든다. 사람들이 원하는 것은 진실이기 때문이다.

그렇다면 어떻게 연습해야 할까? 우리 아카데미 남자 직원처럼 거울을 보면서 웃는 연습을 하면 도움이 된다. 실제로 아나운서들도 거울을 보면서 표정 연습을 한다. 거울은 화장을 하고 옷매무새를 점검하기 위한 도구이기도 하지만, 표정을 점검하는 도구이기도 하다. 여기에 이왕이면 웃을 때 좋은 표정을 만드는 데 신경을 기울이면 보다 효과적이다. 최대한 입꼬리를 올리고, 윗니와 아랫니가 살짝 보이도록 웃으면 상대에게 더욱 호감을 줄 수 있다.

　이런 식으로 웃는 표정에 익숙해졌으면 다음에는 마음을 담도록 노력해야 한다. 아무리 표정 연습을 해도 무장한 마음을 열지 않으면 소용이 없다. 억지로 웃는 표정을 만드는 것은 자신에게도 상당한 스트레스임은 물론 상대도 금방 눈치챈다.

　웃음에 마음을 담으려면 긍정적인 마인드를 갖는 것이 가장 중요하다. 늘 웃음을 잃지 않는 사람들은 다른 사람들보다 행복한 일이 많아서가 아니라 어떤 상황에서도 비관하지 않고 웃을 수 있는 긍정적인 마인드를 가져서다. 아나운서들이 자연스럽게 밝은 표정을 지을 수 있는 이유 또한 누구보다 삶을 대하는 태도가 긍정적이기 때문이다.

　포커페이스라는 말을 자주 듣는가. 그렇다면 표정을 바꿔라. 포커페이스는 상대에게 강한 인상을 줄 수 있지만 좋은 느낌을 남기기 힘들며, 상대를 무장해제시킬 수 없다. '이솝우화'에 나오는 이야기처럼 나그네의 옷을 벗기는 것은 강한 바람이 아니라 따뜻한 햇볕이다.

> **TIP** 표정 근육 풀어주기

표정과 얼굴 근육은 밀접한 관련이 있는데, 표정을 만드는 데는 약 30종류의 근육이 필요하다고 한다. 이를 총칭해 '표정 근육'이라 하며, 이 근육들을 움직여 스트레칭해 주면 풍부한 표정을 지을 수 있다.

1. 양손 검지를 입가에 대고 입술의 양끝과 뺨을 귀 쪽으로 당기듯이 끌어올린다. 그 상태를 30초 동안 유지한다.

이 동작을 5번 반복한다.

2. 혀를 길게 내민 채 15초 동안 그 자세를 유지한다.

이 동작을 5번 반복한다.

/ 자율학습 2

눈으로 하는 달콤한 키스, 눈맞춤

　상대에게 메시지를 전달할 때 표정은 얼마나 영향을 미칠까. 약 35%라고 한다. 말로 전하는 메시지가 8%밖에 되지 않는다고 하니 많은 영향을 미치는 셈이다.
　그렇다면 표정은 무엇에 의해 결정될까? 바로 눈썹, 눈, 입의 라인이다. 예를 들어 눈썹의 경우 일자형은 편안하고 무난한 느낌을, 처진 눈썹은 무기력하고 우울한 느낌을, 올라간 눈썹은 활동적이고 개성이 강한 느낌을 준다. 입이나 눈도 마찬가지다. 그 라인에 따라 부정적인 이미지를 주기도 하고 긍정적인 이미지를 주기도 한다. 세 곳의 메이크업을 조금만 수정해도 인상이 달라 보이는 것은 이 때문이다.
　하지만 메이크업으로 감출 수 없는 것이 있다. 바로 눈빛이다. 그래서 상대방이 거짓말을 하는지, 아닌지 눈동자 속에 나타나는 기색을 보면 쉽게 알 수 있다. 그러나 눈빛이 아무리 좋아도 눈이 향하는 방향, 즉 시선 처리가 미흡하면 상대에게 좋은 이미지를 줄 수 없다. 시선은 수많은 메시지를 담고 있기 때문이다.

한 여자가 선을 본다고 하자. 그녀는 앞에 앉은 남자가 마음에 든다. 특히 선하고 맑은 눈빛이 그녀의 시선을 사로잡는다. 그런데 그 남자의 눈이 한참 동안 그녀의 가슴 부위에 머문다. 그녀는 어떤 생각을 할까? 남자가 음흉하다는 인상을 받을 것이다.

실제로 영국의 행동학자 데스먼드 모리스Desmond Morris는 저서 『맨 워칭Man watching』에서 "사람은 거짓을 말할 때 눈을 오른쪽으로 급히 올렸다가 내린다"며 시선을 보면 그 사람을 어느 정도 파악할 수 있다고 말했다.

따라서 상대방에게 좋은 느낌을 주려면 시선 처리에 유의해야 한다. 시선의 미묘한 변화만으로 당신의 이미지가 좌지우지될 수 있으니 말이다.

예전에 동사무소에 가서 서류 접수 방법을 몰라 직원에게 물었던 적이 있었다. 그랬더니 서류를 보고 있던 직원이 고개는 들지 않고 눈을 치켜뜬 채 내게 접수 방법을 설명했다. 그의 인상이나 목소리는 나쁘지 않았지만, 시선만 위로 향하다 보니 불친절해 보이고 날카로워 보였다. 시선 하나만으로 인상이 달라진 것이다.

그래서 아나운서들은 시선 처리를 할 때 매우 신중하다. 특히 시선 처리는 아나운서 본인의 이미지뿐만 아니라 정보 전달력에도 많은 영향을 미치기 때문에 시선 처리 연습을 잊지 않는다. 시선 처리를 못하면 전달력의 30%는 떨어진다고 봐야 한다.

　예를 들어 KBS「열린 음악회」처럼 많은 관객을 앞에 두고 진행하는 프로그램을 보자. 아나운서는 9시 뉴스를 진행할 때처럼 카메라를 정면으로 응시할 뿐만 아니라 관객을 고르게 바라본다. 관객 모두에게 관심을 기울이고 있다는 표현을 하기 위해서다. 만약 아나운서가 카메라만 보거나 특정한 곳만 응시한다고 생각해 보라. 사람들은 무시당한다는 느낌을 받아 아나운서의 말에 귀를 기울이지 않을 뿐더러 전달하는 내용에 호응하지도 않을 것이다.

　그렇다면 아나운서들처럼 효과적으로 시선 처리를 하려면 어떻게 해야 할까?

자연스럽고 당당하게 마주쳐라

아나운서들의 시선이 부담스럽지 않고 신뢰감이 느껴지는 것은 자연스러우면서도 당당해 보이기 때문이다.

생각해 보라. 아나운서들이 상대방의 시선을 피하는 모습을 본 적이 있는가. 그들의 시선이 부담스럽거나 어색하게 느껴진 적이 있는가. 따라서 아나운서들처럼 다른 사람에게 좋은 인상을 주려면 친한 친구나 가족을 대하듯 상대방의 시선을 피하지 말고 자연스럽게 마주 봐야 한다. 불편하고 어색하다는 이유로 시선을 회피하거나 두리번거리게 되면 상대방에게 불안한 사람, 비밀이 많은 사람, 불쾌한 사람으로 보일 수 있다.

언젠가 KBS「상상플러스」에 영화배우 양동근이 나온 적이 있었다. 평소 낯가림을 많이 하는 그는 프로그램 내내 좀처럼 입을 열지 않았다.

대답을 해도 단답형이고, 질문을 한 사람의 눈을 계속 피했다. 이 모습에 답답함을 느낀 한 진행자가 그에게 "얘기를 할 때는 저 좀 봐 주시면 안 될까요?"라고 말하기도 했다.

 자기를 표현하는 데 적극적인 연예계에서 양동근의 모습은 분명 개성적이고 매력적이다. 그러나 양동근이 일반인이었을 때는 얘기가 달라진다. 만약 그가 샐러리맨이라고 가정해 보자. 거래처와의 중요한 미팅 자리에서 시선을 계속 회피한다면 어떻게 되겠는가. 상대방은 그에게 신뢰감을 갖지 못해 함께 일하기를 망설일 것이다.

 그러면 시선을 피하지만 않으면 상대에게 좋은 이미지를 심어줄 수 있는가? 그렇지 않다. 상대방의 어깨 너머를 본다거나 다른 쪽을 바라보는 것만큼 상대를 차갑게 쳐다보거나, 흘겨보거나, 눈을 가늘게 뜨거나 하는 시선은 상대의 기분을 상하게 할 수 있다. 또 상대방의 눈을 지나치게 정면으로 응시하는 것도 좋지 않다. 관심을 받고 있다는 느낌을 줄 수 있지만, 뚫어지게 바라보면 자신도 피곤하고 상대방에게도 부담을 줄 수 있다. 그래서 카메라를 사람의 얼굴로 여기는 아나운서들도 카메라만 보는 것이 아니라 대본을 보기도 하면서 분위기를 환기시킨다.

 또 상황에 맞도록 적절하게 시선 처리를 해야 한다. 여러 사람을 앞에 두고 얘기를 하는데 일대일 커뮤니케이션을 할 때처럼 한 사람만 응시하게 되면 시선을 받지 못하는 사람은 소외감, 불쾌감을 느낄 수 있다. 많은 사람들 앞에서 말을 할 때는 두루두루 바라보면서 얘기를 해야 한다.

 하지만 시선을 자연스럽게 마주치지 못했던 사람이 어느 날 갑자기 상대방의 눈을 바라보며 시선을 고정시키기란 쉽지 않다. 특히 처음 만난 사람의 경우는 더욱 그렇다. 이럴 때는 눈 근처를 바라보라. 그러면 부담감도 줄고 상대에게도 자신감 넘치는 모습을 보여 줄 수 있다.

서양 속담에 "눈은 입보다 많은 것을 얘기한다"는 말이 있다. 상대에 대한 신뢰, 애정, 진실처럼 말로 다 하지 못하는 표현을 눈은 대신한다. 그렇기에 아나운서들처럼 진실하고 호감 가는 이미지를 가지려면 '눈으로 하는 대화'를 소홀히 해서는 안 된다. 시선 처리만 잘해도 대화가 훨씬 부드러워지고, 좋은 인상을 심어 줄 수 있다.

TIP 상대방을 응시할 때의 황금비율

상대방을 계속 뚫어지게 쳐다보면 부담을 느끼거나 거부감이 들 수 있다. 그래서 아나운서들은 상대를 볼 때 8:2 비율로 응시한다. 예를 들어 상대방을 8초 정도 쳐다보았다면 2초는 시선을 이동한다. 이때 시선을 급하게 거두면 불안해 보일 수 있으므로 천천히 움직인다.

/ 자율학습 3

말 잘하게 하는 쉬어가기가 있다, 포즈

『바람의 딸 걸어서 지구 세 바퀴 반』의 저자 한비야는 세계 오지를 걸어서 다닌 여행가로도 유명하지만, 말이 빠르기로도 널리 알려져 있다. 이 사실을 미처 알지 못했던 나는, 지금은 종영된 KBS의 「파워인터뷰」에 출연한 그녀를 보고 조금 놀랐다.

이금희 아나운서가 말이 느린 편이 아님에도 상대적으로 그녀의 말 속도가 너무 빨라 지나치게 빠르다는 인상을 주었기 때문이다. 물론 이해하지 못할 정도로 말이 빠르지는 않았지만, 이금희 아나운서보다 정보 전달력이 떨어지는 것은 사실이었다.

그 모습을 지켜보면서 나는 말을 빨리 하는 사람들의 특성에 대해 다시 한 번 생각하게 되었다.

말을 빨리 하는 사람들을 보면 대개 쉬지 않고 말을 한다. 그래서 마치 쉼표가 없는 문장을 읽는 것처럼 듣는 사람이 숨이 차고 내용이 잘 이해되지도 않는다. 따라서 성격이 급한 사람, 흥분을 잘 하는 사람, 수다스러운 사람으로 보인다.

상대에게 좋은 이미지를 심어줄 수 있는 말을 하려면 적절한 순간에 잘 쉬어줘야 한다. 아나운서들은 이를 포즈pause라고 한다.

음성표현 전문가인 아나운서들은 포즈를 무엇보다 중요하게 생각한다. 포즈에 따라 전달하고자 하는 의미가 달라지기 때문이다.

예를 들어 '아버지가 방에 들어가셨다'라는 문장이 있다고 하자. 원래 내용은 아버지가 방에 들어가셨다는 것이다. 하지만 여기서 포즈를 달리하면 전혀 다른 의미가 된다. 만약 '아버지가' 다음을 쉬지 않고 '방에 들어가셨다'를 붙이면 '아버지가방에 들어가셨다'가 된다. 이로 인해 듣는 사람은 '아버지가 방에 들어가셨다'인지 '아버지가방에 들어가셨다'인지 헷갈리게 된다.

작은 변화로 이처럼 의미가 확연히 달라지기 때문에 포즈는 아나운서 지망생들이 어려워하는 부분 중 하나다.

그렇다면 포즈를 잘 사용하기 위해서는 어떻게 해야 할까?

알아야 띄어 말할 수 있다

포즈를 적절하게 사용하려면 자기가 전달하고자 하는 내용을 완벽하게 이해해야 한다. 내용을 정확하게 파악을 하면 어느 곳에서 끊어 말해야 할지 판단할 수 있다.

따라서 아나운서들은 정보를 전달하기 이전에 반드시 내용을 숙지한다. 많은 사람들이 아나운서들은 좋은 목소리로 뉴스를 전달하는 사람이라고만 생각하는데, 시·청취자들이 뉴스를 듣고 쉽게 이해할 수 있는 것은 아나운서가 그만큼 내용에 대해 충분히 공부를 했기에 가능하다. 아나운서가 내용을 제대로 이해하지 못하면 상대가 정보를 정확하고 명쾌하게 알아들을 수 없다.

얼마 전 프리랜서 선언을 한 김경란 아나운서는 KBS에 재직할 당시 「9시 뉴스」「열린 음악회」를 비롯하여 「토요 영화탐험」 등 다양한 장르를 넘나들며 몸이 두 개라도 모자랄 정도로 바빴다. 하지만 그녀는 자신이 맡은 프로그램을 잘 진행하기 위해 매일 새벽 2시 30분에 일어나 방송 준비를 했다. 그녀는 내용을 철저하게 분석하고 숙지하는 것은 물론 정확한 발음을 구사하기 위해 일일이 사전을 찾아가며 준비를 했다.

그럼에도 그녀는 한 인터뷰에서 "항상 철저한 준비를 통해 최고의 모습을 보여 주고 싶은데, 시간이 부족하다는 생각이 들 때가 가장 아쉽다"고 말했다.

또 호흡도 잘 조절해야 한다. 사람들이 100m 달리기를 한 후 말을 잘하지 못하는 이유는 호흡 곤란 때문이다. 말은 우리가 들이마신 숨을 다시 내뱉는 날숨에 의해 가능하기 때문에, 말을 할 때는 호흡 조절이 중요하다. 좋은 목소리를 내고, 적당한 빠르기를 유지하고, 적당한 순간에 쉬어 주기 위해서는 호흡이 뒷받침되어야 한다. 호흡이 안정적이지 못하면 쉬어야 할 부분에 도달하기도 전에 말이 끊어지게 된다. 아나운서들이 호흡을 기본 중의 기본으로 삼는 것도 이 때문이다.

호흡 조절법에는 여러 가지가 있는데, 가장 보편적으로 알려져 있고 쉽게 할 수 있는 방법이 '네 박자 호흡법'이다. 장소가 어디든 조용한 곳에 앉아 몸의 힘을 뺀 후, 허리를 곧게 펴고 눈을 감는다. 그런 다음 편안하게 네 박자 동안 숨을 들이쉬고, 네 박자 동안 숨을 멈춘 다음, 네 박자에 맞춰 숨을 내쉬고, 네 박자를 쉰다. 이러한 방식으로 매일 훈련을 하면 나중에는 호흡이 풍부해지고 조절을 자유자재로 할 수 있다.

포즈는 정보를 정확하게 전달하는 수단이 될 뿐만 아니라 오랫동안 말을 할 수 있도록 돕는다. 아나운서들이 한 시간 이상 얘기를 하고도 지치지 않는 것은 포즈를 통해 적절하게 쉬어 주기 때문이다.

인간관계 컨설턴트의 최고 권위자 데일 카네기는 말을 물 흐르듯 자연스럽게 하려면 한 어구 안에서의 낱말은 붙여서 하라고 했다. 즉 말하기에 있어 띄어 말하기가 그만큼 중요하다는 의미다.

지금까지 포즈를 간과했다면 이제부터 주의를 기울여라. 당신이 어디에 쉼표를 찍느냐에 따라 당신의 정보 전달력, 이미지가 달라질 수 있다.

TIP 포즈 사용에 따른 의미 변화

포즈는 특성상 잘못 사용하면 의미가 확 달라진다. 때문에 아나운서 지망생뿐만 아니라 아나운서들도 포즈는 늘 신경 쓰는 부분인데, 다음은 포즈의 중요성을 언급할 때 자주 인용되는 문장이다.

"고속버스가 중앙선을 침범해(끊고) 마주오던 승용차를 들이받았다."

원래 내용은 중앙선을 넘은 고속버스가 승용차를 들이받은 것이므로 가해자는 고속버스이다. 그런데 "고속버스가(끊고) 중앙선을 침범해 마주오던 승용차를 들이받았다"로 말하면 중앙 선을 침범한 쪽이 승용차가 되어 가해자가 뒤바뀐다.

이것이 바로 포즈의 힘이다. 그러므로 말을 할 때 포즈 사용에 유의해야 한다.

아나운서들은 방송을 하기 때문에 원하지 않아도 자신을 객관적이고 면밀하게 관찰할 기회가 많다. 좁게는 제작진, 선배 아나운서, 동료 아나운서에서부터 넓게는 시청자들에게 평가를 받는다. 그뿐인가. 외모, 목소리, 태도, 사고방식 등 본인이 의식하지 못한 부분까지 관찰의 대상이 된다. 이를 통해 아나운서들은 자신의 성향을 파악하고 자기에게 어울리는 스타일을 찾는다.

하지만 내 성향을 파악하고 어울리는 스타일을 찾았다 하더라도 자신의 역할이나 직업 등을 염두에 두지 않으면 소용이 없다. 인간은 혼자 사는 존재가 아니기 때문에 주변 상황에 맞게 스타일을 연출해야 한다. 이를 고려하지 않으면 다른 사람들에게 좋은 이미지를 심어줄 수 없을 뿐더러 자신의 능력이나 전문성을 제대로 평가받을 수 없다.

그만큼 스타일이 중요하다는 의미다. 특히 자신만의 고유한 스타일이 성공으로 이어지는 지금은 자기 스타일을 찾는 일을 등한시해서는 안 된다. 당신의 스타일을 찾고 부각시키는 일은 곧 당신의 능력과 재능을 부각시키는 성공전략이다.

그러므로 아나운서로서의 세련되면서도 교양 있는 이미지를 유지하려면 자신의 얼굴형, 신장, 이목구비, 몸매, 머릿결 등을 고려한 메이크업, 패션, 헤어스타일, 컬러 코디 등을 찾는 노력을 게을리해서는 안 된다.

3
ON AIR

세련되면서도 교양 있게 이미지 유지하는 법

아나운서처럼 이미지 유지하기

똑 부러지게 말하면서 품위 지키는 법을
배운 당신에게 남은 과제는
세련되면서도 교양 있는 이미지를 유지하는 법이다!

1교시

얼굴에 색을 입혀라, 메이크업

얼마 전 신문을 보다가 흥미로운 기사를 하나 읽었다. 한 화장품 회사에서 '쌩얼 사진 찍기' 행사를 한다는 내용으로, 고객 중 10명을 추첨해 맨얼굴 미인을 가린다는 이색 이벤트였다. 그만큼 아름다운 맨얼굴에 대한 사람들의 관심이 크다는 증거일 것이다. 이를 반영하듯 웬만한 연예인들의 맨얼굴은 인터넷으로 얼마든지 검색할 수 있다.

이러한 영향 때문인지 어떤 사람들은 피부가 깨끗하거나 얼굴에 결점이 없으면 굳이 메이크업을 할 필요가 없다고 생각한다.

물론 나 역시 메이크업을 잘 하지 않고, 꼭 필요하다고 여기지 않는다. 그러나 메이크업이 필요 없다는 생각은 선입견이며, 때론 메이크업은 무엇보다 중요하다. 유안진의 『지란지교를 꿈꾸며』에 나오는 내용처럼 '김칫국물 묻은 옷을 입고 슬리퍼를 찍찍 끌고도 아무 거리낌 없이 만날 수 있는' 그런 사람만 만나는 것은 아니지 않은가. 공식적이든 비공식적이든 자신을 알려야 하는 자리에서는 메이크업을 해야 한다.

한때 인기리에 방영됐던 외화 시리즈 「블루문 특급Moonlighting」에서 여주인공 역을 맡았던 시빌 셰퍼드Cybill Lynne Shepherd는 64세의 나이에도 아름다움을 유지하는 배우로 유명하다. 젊었을 때처럼 신선하고 상큼한 매력은 덜하지만, 정돈된 그녀의 모습을 보고 있노라면 성숙미가 물씬 풍긴다. 그런데 그런 그녀가 영국의 한 토크쇼에서 큰 실수를 저지르고 말았다. 메이크업을 하지 않은 얼굴에, 금방 잠자리에서 일어난 부스스한 머리로 방송에 출연한 것이다. 진행자는 그녀에게 아름답다는 말을 했지만, 누가 봐도 '예의상' 하는 멘트임을 짐작할 수 있었다.

아니나 다를까. 그녀의 모습은 최악의 의상을 뽑는 미국의 한 연예 프로그램에서 1위를 차지했다. 그녀의 고고하고 아름다운 이미지가 한 순간에 무너지고 만 것이다.

메이크업 하나가 이처럼 이미지에 결정적인 영향을 미치기 때문에 아나운서들은 메이크업에 주의를 기울이며, 자기에게 적합한 메이크업을 배운다. 아카데미 교과 과정에도 메이크업에 대한 강의가 따로 마련되어 있다.

아나운서들이 특히 메이크업에 관심을 기울이는 이유는 방송 자체가 공식적이기 때문이다. 의상, 메이크업, 헤어스타일 등이 단정하고 깔끔하지 않으면 아나운서의 정보 전달력은 떨어진다. 만약 이를 간과하게 되면 정보 전달력이 저하되는 것은 물론이고 시청자들의 맹비난을 받을 수도 있다.

MBC에서 기상캐스터로 활동하다가 지금은 프리랜서로 활동하고 있는 한 아나운서가, 한번은 화장을 하지 않은 얼굴로 아침뉴스에 나온 적이 있었다. 방송이 나가자마자 시청자 게시판은 비난 글로 넘쳐 났고, 그 아나운서는 메이크업을 하지 않은 것에 대해 사과를 하고 그 이유에 대해 설명을 해야만 했다.

하지만 메이크업을 한다고 무조건 이미지에 좋은 영향을 미치는 것은 아니다. 때론 메이크업을 하지 않느니만 못한 경우도 있다.

어색하지 않은 메이크업

예전에 MBC의 한 시사교양 프로그램을 진행하는 여자 아나운서가 진한 화장을 하고 나와 "거북스럽다" "어디 파티에 가냐?" "애써 만든 프로그램이 아나운서 때문에 다 망쳤다" "눈에 거슬린다"는 따끔한 질책을 받은 적이 있었다. 연예인처럼 진한 메이크업을 하지 않았음에도 사람들의 지탄을 받았던 것은 상황에 맞지 않는 메이크업을 했기 때문이다. 메이크업을 하지 않느니만 못한 경우는 바로 이를 두고 하는 말이다. 때문에 화장을 할 때는 항상 주변 상황을 고려해야 한다.

그래서 아나운서들은 자신을 돋보이기 위해서가 아니라 정보 전달력을 높이기 위한 메이크업을 한다.

가령 뉴스를 진행하는 아나운서들은 보다 정확하고 신빙성 있는 정보를 전달해야 하기 때문에 눈을 또렷하고 깨끗하게 표현하고, 지저분해 보일 수 있으므로 지나치게 화려하고 많은 색상은 삼간다. 정보에 신뢰감을 불어넣어야 하기 때문에 꾸미지 않은 자연스럽고 깨끗한 메이크업을 선호한다.

실제로 미국 CBS의 「이브닝 뉴스」를 최초로 단독 진행했던 여성 아나운서 케이티 쿠릭은 상황에 맞는 적절한 메이크업으로 자신의 이미지를 높인 대표적인 사람이다. 그녀가 「이브닝 뉴스」를 진행하자마자 시청률이 무려 2배나 뛰어올랐다. 미국에서 최고의 시청률을 자랑하는 범죄수사극 「CSI 마이애미」를 능가했다고 하니, 대단한 시청률이 아닐 수 없다.

그녀는 원래 NBC 방송국의 아나운서였다. 그러니까 CBS에서 그녀를 스카우트한 것이었고, NBC 방송국 시절부터 인지도가 높았던 것이다. 그녀가 그처럼 한 방송국을 좌지우지하는 아나운서가 될 수 있었던 것은 '쿠릭식 뉴스 진행'이라는 말이 생길 만큼 자기만의 전달 방식을 고수했기 때문이다. 그녀는 딱딱한 뉴스가 아니라 푸근하고 친근하며 섬세한 뉴스를 추구했다. 또 자신의 진행 스타일에 맞추어 메이크업도 다른 아나운서들보다 더 옅게 표현하여 친근함과 푸근함을 강조했다.

「생방송 모닝 와이드」 「생활의 달인」 「약이 되는 TV」 「생방송 TV 아름다운 가게」 등 다양한 프로그램을 진행했던 SBS 이혜승 아나운서도 정보전달력을 높이기 위해 프로그램에 맞춰 메이크업을 잘 하는 아나운서다.

「생방송 모닝 와이드」를 진행할 때는 아침 방송인 만큼 밝고 화사한 분위기로 연출하되, 시사정보 프로그램인 점을 고려하여 차분하고 지적인 느낌까지 살리는 메이크업을 했다. 예를 들어 피부는 밝고 화사하게 표현하고, 눈두덩에 바르는 아이섀도 역시 같은 느낌을 주는 그린, 핑크, 오렌지 계열의 색을 사용했다. 하지만 지적인 느낌을 연출하기 위해 눈썹은 굵게 그렸다.

반면, 「약이 되는 TV」를 할 때는 재미와 정보를 함께 주는 프로그램인 만큼 화려하고 발랄한 느낌으로 메이크업을 했다. 아이섀도는 화려한 골드 컬러를 사용하고, 아이라이너도 그린 컬러를 이용해 평소보다 굵게 그렸다. 볼도 핑크빛으로 볼 터치를 하고, 입술도 반짝이는 핑크빛 컬러로 연출하여 화려하고 발랄한 느낌을 최대한 살렸다.

메이크업을 하지 않느니만 못한 또 한 가지 경우는 자신에게 맞지 않는 화장을 할 때다. 한때 영화배우 심은하가 모 화장품 회사의 립스틱 광고를 찍은 적이 있었는데, 그 립스틱은 당시 선풍적인 인기를 끌었다. 하지만 잘 어울리는 사람도 있었고 전혀 어울리지 않은 사람도 있었다. 왜냐하면 그 립스틱은 강렬한 빨간색으로, 심은하처럼 이목구비가 오목조목한 스타일이 바르면 단아하고 깨끗해 보이지만, 이목구비가 시원한 스타일이 하면 지나치게 화려해 보였기 때문이다.

유능한 아나운서들은 자신의 얼굴형이나 이목구비 형태에 맞는 화장을 한다. 쌍꺼풀이 없는 정은아 아나운서는 아이라이너나 어두운 아이섀도 등을 이용해 눈이 커 보이는 메이크업을 하고, 눈매가 뚜렷하고 큰 김주하 아나운서는 눈을 강조하지 않는다. 나 역시 눈매가 또렷하고 크기 때문에 눈매를 도드라지게 하는 화장은 하지 않는 편이다.

이러한 특성 외에도 아나운서들의 메이크업에는 여러 가지 공통점이 있는데, 그 하나가 베이스 메이크업을 무엇보다 중요하게 생각한다는 점이다. TV에 비치는 아나운서들을 보면 대개 잡티 하나 없는 깨끗한 피부를 가지고 있는 것을 볼 수 있다. 좋은 피부를 타고난 아나운서들도 있지만, 대개 베이스 메이크업을 꼼꼼하게 하여 깔끔하게 정돈하기 때문이다.

또 아나운서들은 화면을 잘 받기 위해서 이목구비를 또렷하게 만드는 데 많은 신경을 기울인다. 눈썹은 깨끗하게 정리하고 눈의 라인은 번지기 쉬운 펜슬 타입이 아니라 리퀴드 타입으로 그려 주고, 입술도 지저분하게 보이지 않도록 깔끔하게 메이크업을 한다.

마지막으로 지나치게 색조 화장을 하지 않는다. 특히 눈 화장은 강한 색상보다는 대부분 핑크처럼 가볍고 화사한 느낌을 주는 색상을 사용한다.

이러한 메이크업을 통해 아나운서들은 자연스러우면서도 깔끔하고 세련되고 이지적인 느낌을 연출하는 것이다.

아나운서처럼 좋은 이미지를 갖고 싶은가. 그렇다면 그들처럼 상황에 맞는 메이크업을 하라. 그러면 당신도 그들처럼 좋은 느낌을 주는 사람으로 변신할 수 있다.

TIP 가장 신경 써야 할 눈 메이크업

시청자가 TV 프로그램을 시청할 때 가장 많이 보거나 주목하는 신체 부위가 바로 '눈'이다. 때문에 아나운서들은 눈 메이크업에 많은 신경을 기울인다. 만약 급박하게 방송을 해야 하는 일이 발생하면 가장 먼저 챙기는 곳이 '눈'이다. 이는 일반인도 마찬가지다. 사람들의 시선이 가장 많이 와 닿고, 집중되는 곳이 눈이므로 눈 메이크업에 주의를 기울여야 한다. 과도하게 짙은 아이라인을 그리거나 너무 긴 속눈썹을 달면 부자연스러운 느낌을 줄 수 있고, 또 지나치게 속눈썹의 선이 약하면 인상이 흐려 보일 수 있으므로 아이라이너 등으로 너무 두껍지 않게 선명하게 연출할 필요성이 있다.

/ 2교시

옷을 입는 데도 공식이 있다, 의상 코디

생 텍쥐페리Antoine De Saint Exupery의 『어린 왕자』를 보면 이런 내용이 나온다. 터키의 한 천문학자가 어린 왕자가 살고 있는 소행성 B612호를 발견했는데, 그가 입은 허름한 옷 때문에 사람들이 그 얘기를 믿지 않았다고. 그런데 한 독재자가 국민들에게 멋진 옷을 입기를 강요하여 어쩔 수 없이 그 천문학자가 멋진 옷을 입게 되었는데, 그 옷차림 덕분에 소행성 B612호를 발견했다는 그의 말을 모든 사람이 믿게 되었다고. 그러면서 저자는 "어른들은 모두 이런 식"이라고 자조 섞인 말을 한다.

하지만 나는 그렇게 생각지 않는다. 옷차림은 중요하며, 이미지뿐만 아니라 그 사람을 판단하는 기준이 된다. 왜냐하면 옷차림은 그 사람의 마음가짐, 태도 등을 반영하는 거울이기 때문이다. 정장을 입었을 때와 편한 캐주얼을 입었을 때 자신의 말투와 행동을 떠올려 보라.

신입사원을 뽑을 때 지원자의 옷차림이 당락 결정에 66.7%나 영향을 미친다는 조사 결과에서도 볼 수 있듯이 본인의 마음가짐이나 태도뿐만 아니라 다른 사람의 태도 또한 좌우한다. 실제로 국내의 한 여자대학에서 실험을 통해 옷차림에 따라 사람의 태도가 달라짐을 확인했다.

한 여대생에게 허름한 스타일, 야한 스타일, 대학생 스타일, 여성적이고 세련된 스타일의 옷을 입게 한 후 남학생들에게 말을 걸었는데, 허름한 스타일을 입었을 때는 남학생 중 절반만이 응답을 했고, 야한 스타일의 옷차림이었을 때는 절반이 조금 넘는 수가, 전형적인 대학생 옷차림일 때는 모든 남학생들이 응대를 했으며, 여성적이고 세련된 옷차림을 했을 때는 모두 응대를 했지만 거리감을 두는 것으로 나타났다.

또 옷차림은 그 사람의 환경에 대한 평가도 판가름한다.

예전에 한 20대 여성이 '재벌 집안의 딸'이라고 사칭해서 그녀가 다니는 회사의 창업주 아들과 결혼한 사건이 있었다. 그 사건을 처음 접했을 때 사람들은 "남자가 얼마나 똑 부러지지 못하면 그런 일에 걸려들까?"라며 창업주 아들을 한심하게 여겼지만, 그녀와 함께 3년여를 근무했던 직원들조차 전혀 눈치채지 못했다고 한다.

그 이유는 '걸어 다니는 금고'라고 불릴 만큼 여느 재벌집 딸 못지않게 값비싸고 화려한 옷차림을 하고 다녔기 때문이다.

이 사건에 연루된 창업주 사장이나 회사 동료들은 그녀의 옷차림만으로 그녀가 재벌집 딸이라고 믿어 버린 것이다.

옷차림이 이처럼 그 사람의 환경까지 판단하는 역할을 하기 때문에 신뢰성을 무엇보다 중요하게 여기는 아나운서들은 옷차림에 대해 누구보다 신경을 쓰는 편이다. 그러므로 아나운서들을 벤치마킹하면 아나운서와 같은 호감받는 이미지를 가질 수 있다.

아나운서들의 옷 잘 입는 패션 전략

　아나운서가 옷차림을 통해 그들만의 이미지를 연출할 수 있는 이유는 지나치게 뒤처지지도, 그렇다고 앞서지도 않는 '적절한 조화'를 추구하기 때문이다. 이는 모두 프로그램 의도와 밀접한 연관이 있는데, 소설에 비유했을 때 프로그램의 기획 의도는 글의 주제이기 때문에 아나운서뿐만 아니라 방송계에 종사하는 모든 사람들은 이에 맞춰 움직인다. 기획 의도는 시청자들에게 보다 가깝게 다가갈 수 있도록 짜이기 때문에 이를 어기면 시청자들에게 효과적으로 어필할 수 없다.

　이런 이유로 아나운서들은 기획 의도에 따라 의상코디를 하는 훈련을 받는다. 나 역시 아나운서 지망생들에게 의상에 대해 언급하면서 옷을 입을 때는 방송 장르뿐만 아니라 실내에서 제작하는 프로그램인지 아닌지까지 고려하라고 강조한다. 실외에서 제작하는 프로그램인데 지나치게 격식을 차려 옷을 입으면 프로그램의 특성을 제대로 살리지 못할 뿐만 아니라 보기에도 어색해 보이니까 말이다.

일반인들도 마찬가지다. 개성을 추구하는 것도 좋으나 너무 튀지 않는 옷차림을 해야 사람들에게 좋은 이미지를 줄 수 있다. 내 취향이 이러이러하다고 해서 직장인이 짧은 핫팬츠를 입고 출근을 한다거나, 비즈니스 미팅 자리에 캐주얼 차림으로 간다거나, 장례식장에 알록달록 화려한 옷을 입고 간다거나 하면 자신의 이미지를 크게 훼손하게 된다.

아나운서 중에도 이런 경우가 있었다.

SBS의 한 여성 아나운서가 심야 토크쇼에 가슴선이 드러나는 옷을 입고 나와 논란을 일으킨 적이 있었다. 어떤 사람은 "특집이었던 만큼 애교로 봐줄 수도 있는 문제다" "아나운서가 꼭 단정해야 하느냐"며 그녀의 옷차림에 대해 긍정적인 반응을 보였지만 대부분 눈살을 찌푸렸다. 나 역시 변화를 시도하는 아나운서를 환영하는 편이지만, 그녀의 모습은 적절치 않다고 생각했다.

그렇다고 조화를 지나치게 의식한 나머지 새로운 시도를 주저해서는 안 된다. 물론 과도해서도 안 되지만, 고인 물은 썩게 마련이듯 보다 나은 이미지를 위해 도전을 멈추지 말아야 한다. 도전적인 이미지가 어우러진 패션은 사람들에게 지적이며 진보적인 인상을 준다. 과거 뉴스를 진행하는 아나운서들은 대개 유행을 잘 타지 않는 무난한 옷을 고수했다. 특히 남성 아나운서들은 진청색 슈트나 그레이 컬러의 스트라이프 슈트에 짙은 청색처럼 무난한 컬러의 넥타이를 즐겨 착용했다. 요즘처럼 화려한 넥타이, 몸에 꽉 끼는 슈트는 꿈도 꾸지 못했다. 그러나 사회적으로 패션과 외모에 관심을 기울이는 성향이 강해지면서 요즘은 점점 남성 아나운서들의 패션에 변화가 일고 있다.

물론 뉴스를 진행하는 KBS, MBC 아나운서들은 아직도 그레이 컬러 슈트에 푸른색 계열의 넥타이, 블랙 슈트에 붉은색 계열의 넥타이 등 옛날 스타일을 고수하고 있지만 다른 많은 남성 아나운서들은 다양하고 화려한 색깔의 슈트와 넥타이를 시도하고 있다. 아나운서라는 직업을 생각해 볼 때 너무 파격적이지 않느냐는 우려도 있었지만, 되레 사람들은 젊고 신선하며 진보적인 느낌을 준다며 긍정적으로 평가했다.

지금 당신은 이미지가 실력만큼 중요한 시대에 살고 있다. 따라서 옷차림에 신경 쓰느니 실력을 키우겠다는 마음을 먹고 있다면 그런 낡은 생각은 버려라. 다소 보수적인 직업인 아나운서들이 변신을 시도하는 이유가 무엇이겠는가. 전문적인 능력을 갖추었어도 옷차림이 시대에 뒤처지면 그 능력이 빛을 발하지 않는다는 인식에서다.

물론 고정관념 때문에 버리기 쉽지 않겠지만, 그 낡은 옷을 벗어야 당신의 가치가 상승한다. 옷을 잘 입는 것도 전략임을 잊지 말자.

TIP 이미지를 업UP시키는 패션 전략

• **자신의 신체 사이즈에 잘 맞는 옷을 입는다** : 소매 등이 지나치게 길면 어설퍼 보이고 똑똑하지 못한 인상을 준다. 반면 옷이 꽉 끼면 불편하고 민망해 보이기도 하고 좀스럽고 얌체 같은 느낌을 준다.

• **옷과 구두의 색깔을 매치시킨다** : 의상과 구두의 색깔이 조화롭지 않으면 옷을 잘 입어도 돋보이지 않는다.

• **이틀 이상 같은 옷을 입지 않는다** : 오늘 입었던 옷을 내일도 입게 되면 상대에게 지저분하고 나태한 느낌을 줄 수 있다. 그러므로 가급적 매일 다른 옷을 입고, 그럴 형편이 되지 않는다면 상의나 하의 중 하나를 다른 옷으로 매치시켜 다른 옷을 입은 느낌을 연출한다.

• **얼룩이 졌거나 심하게 구김이 간 옷은 피한다** : 후줄근한 느낌을 줄 뿐더러 지저분하고 게으른 인상을 준다.

/ 3교시

헤어 스타일이 변하면 인상이 바뀐다, 헤어스타일

이미지 변신을 할 때 가장 많은 영향을 미치는 것이 헤어스타일이 아닐까 싶다. 배우들을 보면 이는 더욱 명확해진다. 영화배우 김소연은 원래 긴 헤어스타일을 고수했다. 그녀뿐만 아니라, 데뷔할 당시 대부분의 여자 연예인들이 긴 머리였다고 해도 과언이 아니다. 이는 남성들이 긴 생머리를 선호했기 때문이다. 그래서 그녀의 헤어스타일은 좀처럼 변하지 않았다. 변신을 시도하더라도 긴 머리에 웨이브를 주거나 염색을 하는 등의 작은 변화뿐이었다.

그런 그녀가 어느 날 머리카락을 귀 밑까지 자르고 나타났다. 예상 외로 그녀의 모습은 전혀 어색하지 않고 오히려 어려 보이고 신선했다. 사람들은 배우 김소연의 새로운 매력에 빠졌고 "헤어스타일 하나 바꿨을 뿐인데 사람이 어쩌면 저렇게 달라 보일까? 역시 헤어스타일이 중요해"

라며 김소연의 짧은 헤어스타일을 따라했다.

영화배우 김혜수도 마찬가지다. 드라마「직장의 신」등으로 다시 한 번 전성기를 누리고 있는 배우 김혜수는 영화「분홍신」을 촬영하면서 긴 머리를 싹둑 잘랐다. 그녀는「분홍신」의 여주인공 캐릭터를 살리기 위한 목적으로 수년간 길렀던 머리를 잘랐지만 스타일 변신에도 큰 역할을 했다. 긴 머리로 섹시한 이미지가 강했던 그녀는 짧은 머리로 변신하고 난 후 섹시함과 더불어 샤프함, 세련미, 지성미까지 돋보이는 이미지를 갖게 되었고, 영화「타짜」에서 이러한 이미지는 캐릭터를 돋보이게 하는 데 큰 몫을 했다.

영화「왕의 남자」의 히로인 이준기는 또 어떤가. 예쁜 남자의 대명사가 돼 버린 그는 사람들에게 "이준기는 머리가 생명이야"라는 말을 들을 정도다. 그만큼 헤어스타일은 이미지에 결정적인 영향을 미친다.

실제로 한 연구 결과에 따르면 헤어스타일이 인상의 70%를 차지한다고 한다.

아나운서도 마찬가지다. 헤어스타일은 아나운서의 이미지를 형성하는 데 빼놓을 수 없는 부분이다. 특히 짧은 단발머리는 아나운서들을 대표하는 헤어스타일 중 하나다.

그렇다면 왜 짧은 단발머리인가.

첫째는 정보의 신뢰성을 높이기 위함이다.

둘째는 정보 전달력을 높이기 위함이다. 왜냐하면 뉴스를 진행할 때 긴 머리를 하면 시청자들의 시선이 분산되어 전달력이 떨어지고 믿음이 가지 않기 때문이다. 말은 일단 놓치면 다시 들을 수 없기 때문에 아나운서들은 가급적 사람들의 시선을 한 곳으로 집중시킬 수 있는 헤어스타일을 선호한다.

셋째는 뉴스 기사를 화면으로 보여 주는 기계, 프롬프트를 잘 읽기 위해서다. 프롬프트는 보통 카메라 렌즈 아래 달려 있어 머리가 길면 흘러내려 그것을 읽는 데 방해가 된다.

그러나 지금은 방송 환경이 변해 다양한 헤어스타일을 시도하는 추세다. 방송인 강수정은 긴 생머리에 앞머리를 내리고, 지금은 방송가를 떠난 노현정 아나운서는 긴 머리에 앞머리를 넘겨 이마를 드러냈었다. 파격적인 변신을 시도해 사람들에게 거센 비난을 받기도 했던 최윤영 아나운서는 시사 프로그램 「W」를 진행할 때는 머리의 컬을 한껏 살린 커트머리를, 「생방송 오늘아침」에서는 자연스럽게 흘러내리는 커트머리나 앞머리를 뒤로 넘겨 하나로 묶었다.

방송에 종사하는 사람들뿐만 아니라 비주얼을 중시하는 일반인들도 요즘은 헤어스타일에 많은 신경을 기울인다. 대학 강단에 서는 나는 이 점을 자주 절감하는 편이다. 내가 대학 다닐 때와 달리 요즘 대학생들의 머리 모양은 가지각색이고, 또 수시로 변한다. 이미지 변신을 위해서라면 많은 비용이 들더라도 미용실 문턱이 닳도록 드나든다. 그럼에도 나는 그들을 보면서 '이런 점은 좀 개선했으면 좋겠다'라는 것들이 있다.

내게 맞는 헤어스타일을 찾아라

그중 하나는 자기가 추구하고자 하는 이미지를 배제할 때이다.

헤어스타일은 조금만 변화를 줘도 이미지가 확연히 달라지기 때문에 자신이 어떤 이미지를 원하느냐는 중요한 문제다. 만약 깨끗하고 청순한 이미지를 추구한다면 긴 생머리가 적당하고, 개성 있는 이미지를 원한다면 연예인처럼 화려한 염색을 하거나 레게와 같이 독특한 머리 스타일을 하면 좋다.

또 하나는 자기에게 맞는 헤어스타일을 찾는 작업이 부족할 때이다. 요즘 사람들은 헤어스타일에 관심과 투자를 아끼지 않으면서도 자기에게 맞는 헤어스타일을 찾는 일을 소홀히 하는 면이 있다. 특정 연예인의 헤어스타일이 예쁘다고 여겨지면 미용실을 찾아가 고현정 스타일 머리를 해 달라, 이효리 스타일 머리를 해 달라, 김남주 머리를 해 달라고 주문을 한다.

물론 특정 연예인의 헤어스타일이 본인에게 잘 어울릴지도 모른다. 그러나 이는 그 연예인과 자신이 비슷한 면을 갖추고 있을 때의 일이다. 이를테면 그 연예인이 자신처럼 얼굴형이 계란형이라든가, 키가 작다든가, 몸이 말랐다든가, 눈이 크다든가, 코가 작다든가, 머리가 곱슬이라든가 하는 식으로 말이다.

그 연예인과 정반대의 외모 조건, 신체 조건, 머릿결 등을 가졌음에도 불구하고 무조건 유행을 따르면 오히려 자신의 이미지를 훼손하는 결과를 낳을 수 있다.

그러므로 자신의 얼굴형, 신장, 이목구비, 몸매, 머릿결 등을 고려한 헤어스타일을 찾는 노력을 게을리해서는 안 된다. 특히 얼굴형은 헤어스타일이 잘 어울리느냐, 그렇지 않느냐를 결정짓는 중요한 요소이기 때문에 변신을 시도하고자 할 때 자신의 얼굴형이 어떠한지 염두에 두어야 한다.

가령 둥근 얼굴형은 대체로 이목구비가 동글동글하고 이마가 좁기 때문에 전체적으로 얼굴 길이가 짧아 보인다. 그러므로 얼굴을 길어 보이도록 앞가르마를 타고, 옆머리로 귀를 덮는 것이 좋다.

반면 각진 얼굴형은 전체적으로 얼굴 폭과 턱이 넓고 턱뼈가 튀어나와 있어 평면적인 느낌을 준다. 이런 얼굴형에 이마까지 넓으면 얼굴이 커 보이고 인상이 강해 보이므로 앞머리로 이마를 덮고 각진 얼굴을 가리기보다는 옆머리를 뒤로 넘겨 드러내는 것이 훨씬 부드러워 보인다.

긴 얼굴형은 이마를 가리고 머리에 볼륨을 주는 것보다 깔끔하게 연출해야 얼굴이 짧아 보이고, 또 턱이 뾰족한 역삼각형 얼굴은 머리를 풍성하게 만들면 긴 턱이 짧아 보이고, 여기에 앞머리로 이마까지 가려 주면 얼굴이 작아 보인다.

그런 면에서 아나운서들은 자기 헤어스타일을 잘 찾는 사람들인데 그 대표적인 경우가 박혜진, 최윤영 아나운서다. MBC「뉴스데스크」를 진행했던 박혜진 아나운서는 눈이 크지 않아 이마를 드러내면 차가운 이미지를 줄 수 있기 때문에 앞머리를 내린다. 그래야 동글동글한 느낌을 주어 부드러운 이미지를 연출할 수 있기 때문이다.

최윤영 아나운서는 박혜진 아나운서와는 반대로 어려 보이고 귀염성 있는 얼굴이기 때문에 앞머리를 내리지 않는다. 왜냐하면 앞머리를 내리면 더 어려 보이기 때문이다.

또 하나는 자신의 사회적 위치를 염두에 두지 않을 때이다.

어느 분야에서든 프로들을 보면 자신의 위치나 직업에 맞는 헤어스타일을 한다. 예를 들어 아나운서들은 전문적인 느낌을 떨어뜨리지 않기 위해 지나치게 여성성을 강조한 헤어스타일은 자제한다. 물론 여러 가지 헤어스타일을 시도하기는 하지만, 아나운서의 전문적인 이미지를 손상시키지 않는 범위 내에서다. 아나운서가 가수들처럼 하얗게 탈색을 하거나 염색을 하거나 레게 머리를 하거나 북슬북슬한 펌 머리를 한다고 생각해 보라.

나 역시 마찬가지다. 나는 긴 머리를 하지 않는데, 그 이유는 약간 곱슬머리라 기르면 지저분하기 때문이기도 하지만, 아카데미 대표로서의 이미지를 갖추기 위해서다.

당신은 지금까지 기분 전환으로 헤어스타일을 바꿨는가. 그렇다면 이제는 기분 전환용이 아니라 당신의 가치를 높이기 위한 도구로 헤어스타일을 활용하라. 기분이 꿀꿀할 때 헤어스타일을 바꾸면 기분 전환이 되지만, 당신의 이미지를 높이는 수단으로 헤어스타일을 바꿀 때는 당신의 삶이 달라질지 모른다.

TIP 헤어스타일 점검할 때 주의해야 할 점

- **앞머리의 길이를 확인한다** : 직업에 따라 차이는 있지만 앞머리가 눈을 덮을 정도로 길면 어두워 보여 좋은 인상을 줄 수 없다.

- **염색이 지나치지 않은지 점검한다** : 창의적이고 자유분방함을 요하는 직업을 가진 사람은 개성적으로 보일 수 있으나, 그렇지 않은 경우에는 상대에게 신뢰감을 주지 못한다.

- **머리 길이가 전체적으로 너무 짧지 않은지 확인한다** : 조직원 간의 조화를 중시하는 회사에서 삭발에 가까운 짧은 머리는 부정적인 이미지를 주고, 비즈니스 자리에서 신뢰감을 주지 못한다.

/ 심화학습 1

결점 속에 답이 있다, 체형별 코디

'S라인, A라인, H라인'. 요즘 사람들이 체형을 얘기할 때 흔히 쓰는 말이다. 전지현, 한채영, 현영, 이효리 등 날씬하고 건강한 몸매를 가진, 일명 'S라인 몸매' 연예인들이 인기를 끌면서 화두가 된 말이다. 그래서 요즘은 단순히 살을 빼는 다이어트가 아니라 예쁜 체형을 만들면서 체중을 줄이는 다이어트를 하는 사람들이 점점 늘고 있다.

뿐만 아니라 체형을 고려한 코디법도 주목을 받고 있다. 신문, 잡지, 인터넷 등 각종 매체에서 체형별 코디법을 소개하는 것은 물론이고 한 여성의류 쇼핑몰에서는 고가의 카메라 장비와 전문 사진작가까지 두어 일반인들을 모델로 사진을 찍어 둔 후, 고객이 옷을 구입할 때 그 자료를 활용해 도움을 주고 있다.

체형별 코디법이 사람들에게 관심을 끄는 이유는 자신의 신체적 결점을 보완만 해 줘도 이미지의 가치를 높일 수 있기 때문이다.

'토크쇼의 여왕' 오프라 윈프리. 그녀는 시사 주간지 『타임』에서 '20세기의 인물' 중 한 명으로 손꼽힐 만큼 방송을 비롯한 여러 분야에서 뛰어난 역량을 발휘하는 사람이다. 또한 그녀는 옷을 잘 입기로도 유명한데, 패션 잡지 『배너티 페어Vanity Fair』가 선정한 '옷 잘 입는 여성'으로 2년 연속 선정됐다.

그녀는 키가 작고 통통한 몸매를 지녔다. 그래서 밝은 색보다는 어두운 색으로, 상의와 하의를 동일한 색으로 맞춰 입는다. 또한 목선을 드러내는 V네크라인이나 U네크라인 상의를 입고, 두껍고 무거운 소재보다는 몸매가 살짝 드러나는 가벼운 소재의 옷을 선호한다.

이러한 그녀의 코디법은 그녀의 단점을 최대한 커버하여 지적이고 세련되며 우아한 이미지를 연출하는 데 큰 역할을 하고 있다.

국내 아나운서들도 마찬가지다. 주로 앉아서 진행하는 뉴스, 교양 프로그램을 제외한 쇼·오락 프로그램은 전신이 카메라에 잡히기 때문에 체형을 보완하는 코디를 하지 않을 수 없다. KBS「해피선데이」의 '여걸6'를 통해 자신의 몸매가 'A라인'임을 밝혔던 방송인 강수정은 상체보다 통통한 하체가 두드러지지 않도록 상의는 꼭 맞고 허리 라인부터 넓게 퍼지는 옷을 입어 날씬하고 여성스러운 이미지를 강조한다.

따라서 다른 사람들에게 호감 가는 이미지를 주고 싶다면 자신의 체형에 대해 정확하게 파악해 둘 필요가 있다. 그렇지 않으면 단점은 부각되고 장점은 죽는 일이 벌어질 수 있다.

미국의 쌍둥이 배우이자 손꼽히는 억만장자인 애슐리 올슨Ashley

Olsen과 메리 케이트 올슨Mary Kate Olsen 자매는 키가 158cm에도 미치지 못하지만, 패션 사업을 벌일 만큼 옷을 잘 입어 패션 아이콘으로 통한다. 그런 올슨 자매가 한번은 자신들의 체형을 고려하지 않은 코디로 망신을 당한 적이 있었다. 목선을 드러내야 시원하고 키가 커 보이는데 목까지 덮는 드레스를 입었던 것. 그날 올슨 자매의 키가 더 작아 보였음은 두말할 나위도 없다.

하지만 체형을 파악해도 어떻게 입어야 할지 모르면 모두 허사다. 지금부터 체형에 따른 코디법을 살펴보기로 하자.

센스 있는 그녀들의 체형별 코디법

　체형은 크게 '키가 작고 마른 형' '키가 작고 통통한 형' '키가 크고 마른 형' '키가 크고 통통한 형'으로 나눌 수 있다.

　이 중 키가 작고 마른 형은 몸이 왜소하기 때문에 빈약해 보이기 쉽다. 심플한 디자인보다는 무늬가 있는 것이 좋고, 이왕이면 체크무늬나 스트라이프 무늬가 효과적이다. 색상 또한 어두운 계열보다는 밝고 화사한 색이 적당하고, 스커트도 어중간한 길이는 피하고 길거나 짧은 것이 좋다.

　가수 강수지가 바로 이런 체형이다. 그녀는 데뷔 초부터 주로 긴 스커트를 입었고 옷 색깔 또한 화이트, 파스텔, 핑크색이 주류를 이루었다. 이는 그녀의 청순미를 더욱 부각시키기 위한 목적도 있지만, 작은 키와 빈약해 보일 수 있는 몸매를 보완하기 위한 목적도 있었다. 그래서 시청자들은 강수지의 몸매를 보고 빈약하기보다는 가녀리다고 느꼈고, 키가 작다는 인상을 덜 받았다.

반대로 키가 작고 통통한 형은 뚱뚱하고 짤막하다는 이미지를 줄 우려가 높기 때문에 수직적인 느낌이 나는 옷을 선택하는 것이 좋다. 이를테면 V자형 네크라인 상의를 입는다든가 수직 스트라이프 무늬가 있는 옷이 적당하다. 색상 또한, 상의는 밝게 입어도 무방하지만 하의는 어둡게 입는 것이 효과적이다.

키가 작고 통통한 배우 송혜교는 이러한 코디법을 잘 활용한 대표적인 경우다. 그녀는, 다리는 예쁘지만 짧아 긴 스커트보다는 미니스커트를 입고 과감한 네크라인 상의를 입어 목이 길어 보이게 하여 말라 보이고 키도 커 보이는 효과를 잘 살리고 있다.

가수 이효리도 마찬가지다. 다리가 조금 짧은 그녀는 무릎 위로 올라가는 스커트나 바지를 입어 날씬하고 길어 보인다.

키가 크고 마른 형은 체형 중에 가장 코디하기 용이한 스타일이다. 패션모델들이 보통 이런 체형인데, 어떤 스타일의 옷을 입어도 잘 어울린다. 특히 캐주얼보다는 정장이 잘 어울린다. 다만 몸에 꽉 끼는 스타일이나 민소매는 피하는 것이 좋고, 색채는 차가운 색보다는 밝고 따뜻한 계열의 색이 잘 어울린다.

키가 크고 통통한 형은 뚱뚱해 보일까 봐 보통 옷을 입을 때 소극적인 면이 있다. 하지만 중성적인 느낌이 나는 옷을 입으면 당당하고 세련되어 보이며 섹시해 보이기도 한다.

배우 김혜수가 바로 이 경우에 해당한다. 그녀는 누구나 쉽게 소화할 수 없는 옷차림을 대담하게 시도한다. 특히 영화 시상식에서 선보이는 그녀의 옷차림은 이슈가 될 정도로 파격적인데, 이러한 그녀의 모습은 덩치가 커 보이기보다는 생동감이 넘치고 지적이며 섹시해 보인다.

다만, 이 체형은 몸매를 더욱 커 보이게 할 수 있으므로 연한 색이나 화려한 무늬는 삼간다.

TIP 부위별 체형 콤플렉스 커버하는 코디법

- **가슴이 작은 경우** : 가슴 부분에 레이스 등이 들어간 디자인의 옷을 입거나 밝은 컬러, 얇은 소재의 옷을 입으면 볼륨감이 있어 보인다.

- **목이 짧은 경우** : V네크라인으로 길게 파여진 옷을 입으면 짧은 목을 커버할 수 있다.

- **어깨가 좁은 경우** : 시원하게 목이 파인 보트네크의 옷을 입거나 어깨를 강조한 디자인의 옷을 입으면 어깨가 넓어 보인다.

- **어깨가 넓은 경우** : 소매 부분의 컬러가 진하거나 목선에서 겨드랑이까지 사선으로 이음선이 이어진 스타일의 옷을 입으면 효과적이다.

- **팔뚝이 굵은 경우** : 소매 색깔이 진하거나 팔뚝을 꽉 조이는 옷보다는 소매가 넓은 옷이 좋다.

/ 심화학습 2

원하는 스타일이 내 스타일일까, 스타일 찾기

　내가 가장 좋아하는 배우 중 하나가 오드리 헵번Audrey Hepburn이다. 특히 '헵번 스타일'로 불리며 지금까지 사랑을 받고 있는 그녀의 패션 스타일을 좋아한다. 나뿐만 아니라 로맨틱하고 여성스럽고 귀여우면서도 우아한 그녀의 스타일은, 여성이라면 누구나 닮고 싶어 할 것이다. 그러나 흉내를 내도 헵번과 같은 스타일을 연출하기란 쉽지 않다. 왜냐하면 내가 원하는 스타일과 어울리는 스타일은 엄연히 다르기 때문이다.

　그럼에도 요즘 사람들은 이 점을 간과하고 유행을 따르는 경향이 있다. 물론 유행에 민감한 사람들을 부정적으로 생각하지는 않지만, 지나치면 자신의 이미지를 손상시킬 수 있다.

　예전에 인터넷에 일본의 신주쿠에서나 볼 법한 패션으로 무장한 여성들의 사진이 떠돌아 화제가 된 적이 있었다. 이 사진 속의 여성들은 저마다 머리카락을 요란하게 염색하고, 핑크색 계열의 짧은 미니스커트를 입고, 화려한 액세서리로 치장을 해 어디에 있어도 주목받는 복장을 하고 있었다. 네티즌들은 "한국에 웬 갸루족이냐"며 그녀들을 비난했고 몇몇 언론매체에서도 "일본 문화를 무분별하고 모방하고 있는 것 아니냐"며 우려 섞인 한마디를 했다. 여기서 갸루족이란 그녀들처럼 코디를 하고 다니는 사람들을 일본에서 일컫는 말로, 갸루란 단어는 '걸girl'의 일본식 발음이라고 한다.

어쨌든 일본이라는 나라에 대해 유독 민감한 반응을 보이는 국내 네티즌들은 그녀들의 미니 홈피를 찾아가 공격을 했다. 그리고 사태가 일파만파로 퍼지자 그 사진 속의 여성 중 한 명이 인터뷰를 하기에 이르렀다. 그녀는 인터뷰에서 "할리우드 패션은 괜찮고, 일본 패션은 왜 문제가 되는지 모르겠다. 선입견을 버려 달라"며 당당하게 의사를 표현했다.

나 역시 일본 패션을 모방한다는 이유로 부정적으로 생각하는 것은 그르며, 자기 나름의 패션 스타일을 추구하는 그들을 존중한다. 그러나 변치 않는 사실은, 그 패션이 그녀의 이미지를 손상시키고 있다는 점이다. 물론 혼자 사는 세상이라면 어떤 패션 스타일을 추구해도 문제가 되지 않는다. 그러나 현실이 어디 그런가. 원만한 사회생활을 하려면 자기 이미지를 떨어뜨리는 패션 스타일은 자제하는 것이 바람직하다.

따라서 내게 맞는 스타일을 찾는 작업은 매우 중요하며, 자신에게 어울리는 스타일을 찾는 작업을 끊임없이 하는 아나운서들은 이 점에서 좋은 본보기다.

그렇다면 내게 맞는 스타일을 찾으려면 구체적으로 어떻게 해야 할까?

내 안에 답이 있다

　사람들에게 민주노동당 강기갑 전 국회의원을 아느냐고 물으면 고개를 갸우뚱한다. 하지만 '두루마기에 고무신을 신고 다니는 의원'을 아느냐고 물으면 바로 떠올린다. 농민이면서 농민운동에 일생을 바쳤던 그는, 국회의원이 되고자 했던 이유도 농민을 위해 헌신하기 위함이었다. 그래서 국회의원이 된 이후에도 농민을 대표하는 국회의원이라는 점을 알리기 위해 항상 두루마기와 고무신을 신고 다녔다. 감색 양복을 말끔하게 차려입은 국회의원의 모습에 익숙한 국민들에게 그 모습은 신선하고 멋스러워 보였다.

　그가 이러한 독특한 스타일을 고수하는 것은 그의 성향 또한 그러하기 때문이다. 그의 성향이 비즈니스적이거나 모던하거나 차가웠다면 그는 두루마기나 고무신을 착용하지 않았을 것이고, 어울리지도 않았을 것이다.

따라서 내게 어울리는 스타일을 찾으려면 내가 어떤 성향을 가지고 있는지 파악해야 한다.

그렇다면 내 성향을 알려면 어떻게 해야 할까?

내 특성을 분석해야 한다. 아나운서들이 자신의 성향을 잘 알고 있는 것도 자신을 다각적으로 분석하는 작업을 했기에 가능하다.

아나운서들은 방송을 하기 때문에 원하지 않아도 자신을 객관적이고 면밀하게 관찰할 기회가 많다. 좁게는 제작진, 선배 아나운서, 동료 아나운서에서부터 넓게는 시청자들에게 평가를 받는다. 그뿐인가. 외모, 목소리, 태도, 사고방식 등 본인이 의식하지 못한 부분까지 관찰의 대상이 된다. 이를 통해 아나운서들은 자신의 성향을 파악하고 자기에게 어울리는 스타일을 찾는다.

스타일은 크게 엘레강스한 스타일, 스포티한 스타일, 클래식한 스타일, 모던한 스타일로 분류할 수 있다.

엘레강스한 스타일은 말 그대로 부드럽고 여성스러운 곡선과 우아함을 가진 스타일로, 이 스타일의 사람은 채도가 높지 않은 은은한 파스텔 톤, 하늘거리는 레이스, 프릴 등이 달린 옷이 잘 어울린다.

반면 스포티한 스타일은 활동적이고 편안한 느낌을 주는 스타일로, 원색이나 캐주얼, 스포츠 웨어가 잘 어울린다.

클래식한 스타일은 조화와 통일성을 이루며 군더더기 없는 전통적인 스타일로, 무채색이나 무난한 색에 심플하고 단정한 디자인의 정장이 잘 어울린다.

모던한 스타일은 심플하면서 도회적이고 현대적이며 지적인 느낌을 주는 스타일로, 절제되고 세련된 느낌을 주는 옷이 잘 어울린다.

이 4가지 스타일 중 자신이 선호하고 어울리는 스타일을 파악하고 그러한 느낌을 최대한 살리면 아나운서들처럼 자신에게 잘 어울리는 스타일을 연출할 수 있다. 하지만 내 성향을 파악하고 어울리는 스타일을 찾았다 하더라도 자신의 역할이나 직업 등을 염두에 두지 않으면 소용이 없다. 인간은 혼자 사는 존재가 아니기 때문에 주변 상황에 맞게 스타일을 연출해야 한다. 이를 고려하지 않으면 다른 사람들에게 좋은 이미지를 심어 줄 수 없을 뿐더러 자신의 능력이나 전문성을 제대로 평가받을 수 없다.

스포티한 스타일이 잘 어울린다고 캐주얼한 옷차림으로 회사에 출근한다거나 중요한 비즈니스 자리에 나간다면 상대에게 성의 없는 사람, 믿음이 가지 않는 사람, 게으른 사람, 센스 없는 사람으로 비쳐질 수 있다. 명품 브랜드 샤넬의 창업주 코코 샤넬Gabrielle Chanel은 이렇게 말했다.

"패션은 지나가도 스타일은 남는다."

그만큼 스타일이 중요하다는 의미다. 특히 자신만의 고유한 스타일이 성공으로 이어지는 지금은 자기 스타일을 찾는 일을 등한시해서는 안 된다. 당신의 스타일을 찾고 부각시키는 일은 곧 당신의 능력과 재능을 부각시키는 성공전략이다.

TIP 직업에 따른 패션 스타일

자신의 직업을 고려하지 않은 패션 스타일은 보기에도 좋지 않을 뿐더러 업무능력이나 전문성을 의심하게 만든다. 그러므로 자신의 직업에 맞는 패션 스타일을 찾아 좋은 이미지를 높여야 한다.

• **사무직** : 세련되고 단정해 보이는 모던한 스타일이 적당하다. 번쩍이는 소재는 가급적 피하고 컬러는 검정, 감청색, 회색, 베이지색 계열이 무난하며, 무늬는 작은 것이 좋다.

• **서비스직** : 서비스직은 많은 사람들을 대해야 하고 친절하고 산뜻한 이미지를 줘야 하기 때문에 보수적이고 딱딱한 스타일보다는 친근하고 부드러운 느낌을 주는 스타일이 좋다. 소재는 울 등과 같은 부드러운 느낌을 주는 것이 좋고, 컬러도 부드럽고 밝은 느낌을 주는 것을 선택하는 것이 직업의 특성을 살리는 데 도움이 된다.

• **영업직** : 영업직은 특성상 사람들을 많이 만나고 첫인상이 중요하므로 유행에 지나치게 뒤처지지도 앞서지도 않는 스타일이 좋고, 경우에 따라서는 엘레강스한 스타일의 정장도 괜찮다. 소재는 울, 실크, 모, 개버딘 등이 좋고, 컬러는 너무 무겁지도 너무 화려하지도 않은 것을 선택하는 것이, 능력 있으면서도 감각 있는 느낌을 준다.

- **전문직** : 세련되고 엘레강스한 스타일이 맞고, 소재도 고급스러운 것이 적당하다. 색상도 세련되면서 우아한 그레이, 아이보리 등이 좋다.

/심화학습 3

내 색을 찾아라, 컬러 코디

　제78회 미국 아카데미 시상식에서 여우주연상을 수상한 리즈 위더스푼Reese Witherspoon을 떠올리면 눈부신 금발이 생각난다. 해맑고 귀여운 그녀의 이미지와 잘 어울리기 때문이기도 하지만, 영화 「금발이 너무해」로 일약 스타덤에 올랐기 때문이다. 그래서 사람들은 영화에서뿐만 아니라 실제로 그녀의 성격이 밝고 긍정적이며 귀여울 것이라는 생각을 했다.

　하지만 영화 「앙코르」를 보고 난 후, 그 생각이 착각일지도 모른다는 느낌을 갖게 되었다.

　「앙코르」에서 그녀는 실존인물인 컨트리 가수 준 카터June Carter Cash를 연기했다. 준 카터는 엘비스 프레슬리Elvis Aron Presley와 인기를 견주던 천재적인 컨트리 가수 조니 캐쉬Johnny Cash의 아내로, 약물

중독에 빠져 피폐한 삶을 살았던 남편을 구원의 길로 인도한 인내심이 많고 강한 정신의 소유자다.

따라서 리즈 위더스푼은 강한 여성의 캐릭터를 표현하기 위해 트레이드마크인 금발을 검은색으로 물들였다. 그 효과는 대단해서 「금발이 너무해」에서처럼 고생 없이 자란 사랑스럽고 철없는 여자의 모습을 찾기 어려웠다. 온갖 역경과 고난을 헤쳐 온 강한 여성만이 남아 있었다.

나는 그 모습을 보면서 컬러가 이미지에 얼마나 많은 영향을 미치는지 새삼 깨닫게 되었다.

실제로 오감 중에서 시각이 미치는 영향이 87%에 이르고, 이 시각 정보의 80~90%는 색이 결정한다고 한다. 그래서 2002년부터 컬러리스트 자격증이 생겼고, 사람들의 반응에 민감한 마케팅 분야에서도 컬러를 이용한 컬러 마케팅이 주목을 받고 있다.

이준기가 광고 모델로 나와 화제를 모았던 음료수 '미녀는 석류를 좋아해', 이영애가 선전한 '레드 오렌지', 다니엘 헤니와 현빈, 김태희가 선전한 '초콜릿 폰', '남자의 블랙은 오만하다'는 카피를 내세운 한 자동차 광고 등은 컬러 마케팅을 이용한 대표적인 경우다.

이처럼 컬러는 이미지와 깊은 연관이 있기 때문에 방송을 진행하는 아나운서들도 색에 민감한 편이다.

아나운서들이 선호하는 컬러는 원색적이지 않은 중간톤의 색상이다. 왜냐하면 우선 색깔에 대한 선입견을 주지 않기 때문이고, 둘째는 아나운서의 이미지를 훼손시키지 않기 때문이다. 아나운서가 새빨간 옷을 입고 뉴스를 진행한다고 생각해 보라. 그래서 아나운서들은 검정색이더라도 부드러운 검정을, 빨간색이더라도 은은한 색을 선택한다.

무엇보다 가장 큰 이유는, 아나운서는 나를 부각시키는 것이 아니라 정보를 보다 정확하고 효과적으로 전달하는 것이 주목적이기 때문에 중간톤의 색을 선호한다. 즉 아나운서들은 정보 전달력을 떨어뜨리는 색을 피한다. 흰색도 얼굴이 칙칙하고 검어 보이므로 피하는 편이고, 빨간색도 색이 번져 사람들의 눈을 피로하게 하므로 자제한다. 특히 블루 계통을 잘 입지 않는다. 뉴스를 진행할 때 아나운서의 오른편에 뜨는 작은 스크린(크로이커)이 블루이기 때문에 같은 색상의 옷을 입으면 준비된 자료화면에 묻혀 버리기 때문이다.

헤어컬러도 마찬가지다. 아나운서들은 보통 헤어컬러를 밝은 검정색으로 염색한다. 진한 검정색은 지적이고 신뢰감을 주며 주관이 뚜렷한 느낌을 주지만, 자칫 보수적이고 차가운 느낌을 줄 수 있기 때문이다. 물론 지나치게 화려한 염색이나 브릿지를 넣는 것은 피하지만 말이다.

그러나 기상 캐스터들은 프로그램 특성상 원색적이고 화사한 색을 선호한다. 물론 1980년대 남성 기상 캐스터들이 기상예보를 진행할 때는 뉴스를 진행하는 아나운서들처럼 화려하지 않고 무난한 색깔의 양복과 넥타이를 착용했다. 그러나 1990년대에 들어서 폭발적으로 여성 기상 캐스터들이 늘어나고 인식이 달라지면서 옷차림에도 혁신적인 변화가 일어났다.

정장에 넥타이 차림을 하는 남성 기상 캐스터들과 달리 여성 기상 캐스터들은 날씨나, 혹은 그날의 이슈를 테마로 잡아 그에 맞는 옷차림을 했다. 이를테면 비가 올 확률이 높은 날은 노란 우비를 입거나 원색의 우산을 들고, 청명한 날씨가 예상되는 날은 밝은 느낌의 옷차림을 한다. 특히 기상 캐스터들이 가장 선호하는 컬러는 붉은색처럼 화사한 색이다. 하지만 다른 프로그램과 마찬가지로 지도와 기상도가 나타나는 화면이 파란색이기 때문에 파란색 계열의 옷은 피한다.

자, 이제 컬러가 당신의 이미지에 얼마나 많은 영향을 미치는지, 당신에게 어울리는 색깔을 찾는 일이 얼마나 시급한 일인지 느꼈는가. 그렇다면 지금부터 당신에게 어울리는 컬러를 찾아보자.

어울리지 않는 색은 없다

　세상에는 수만 가지 색이 있지만 크게 봄, 여름, 가을, 겨울 4가지 컬러 타입으로 나눌 수 있다. 이 중에서 봄과 가을은 노란색 계열의 밝고 따뜻한 느낌을 주고, 여름과 겨울은 파란색 계열의 차가운 느낌을 준다. 그래서 어떤 사람이든 4가지 타입의 컬러 중 적어도 한 가지는 자신에게 어울린다.

　자신에게 어울리는 색을 찾는 가장 쉬운 방법은 4가지 컬러 타입을 대표하는 색을 몸에 대보는 것이다. 이를테면 봄을 대표하는 노랑, 가을을 대표하는 브라운, 여름을 대표하는 하늘색, 겨울을 대표하는 진한 블루 계열을 대보는 것이다. 그러면 사람마다 피부색, 헤어컬러, 눈동자 색깔이 다르기 때문에 개인마다 자신에게 어울리는 색이 제각각이고, 자기의 피부색이나 헤어컬러, 눈동자 색깔과 맞는 컬러의 옷을 입으면 피부가 투명해 보이고, 윤곽이 또렷해 보인다. 예를 들면 헤어컬러를 놓고 볼 때 노현정 아나운서처럼 맑고 하얀 피부를 가진 사람은 어떤 컬러도 어울리지만 갈색빛이 살짝 도는 검은색이 피부를 더욱 밝고 화사하게 만든다. 반면 손미나 아나운서처럼 피부가 까만 사람은 어두운 색은 더욱 검고 우중충하게 보이지만 오렌지 계열이나 회색을 띤 밝은 적색을 하면 얼굴이 환해 보인다.

그러나 나는 어울리지 않는 컬러는 없다고 생각한다. 사람들은 흔히 자신에게 어울리는 컬러가 다섯 손가락 안에 꼽을 정도라고 말하는데, 자기가 연출하기 나름이다. 이 말에 "나는 정말 ○○색이 어울리지 않는데……"라고 의문을 제기하는 사람도 있을 것이다. 하지만 컬러에는 명도와 채도가 있고, 이 두 요소에 따라 빨간색도 수십 가지로 나눠질 수 있다. 때문에 내가 블루 계열이 어울리지 않는다고 해도 명도와 채도가 다른 블루 계열의 색을 입으면 자기에게 어울릴 수 있다. 내 경우는 차가운 계열의 컬러가 어울리지 않는다. 이를테면 다크블루 같은 색 말이다. 하지만 나는 블루 계열의 옷을 즐겨 입고, 또 잘 어울린다. 명도와 채도를 달리한 따뜻한 블루를 입기 때문이다. 연예인들이 여러 색깔의 옷을 소화할 수 있는 것도 이런 이유 때문이다.

아나운서들처럼 세련되고 멋진 이미지를 갖고 싶은가. 그렇다면 컬러의 중요성을 잊지 말자. 컬러에 따라 당신의 이미지가 180도 달라질 수 있으니……

TIP 사계절 컬러에 어울리는 소재

컬러는 크게 봄, 여름, 가을, 겨울 4가지 타입으로 나뉘며 누구나 이 중 하나는 자신에게 어울린다. 여기에 자신에게 어울리는 컬러에 매치되는 소재를 선택하면 더욱 돋보일 수 있다.

- **봄** : 부드럽고 약간 버석거리는 느낌이 나는 개버딘, 면, 타프타 등이 좋다.

- **여름** : 부드럽고 하늘거리는 듯한 느낌을 주는 시폰, 보일, 울 크레이프, 앙고라, 캐시미어 등의 소재가 적당하다.

- **가을** : 자연적인 느낌을 주는 울, 가죽, 실크, 스웨이드, 린넨, 벨벳, 수직물 등이 좋다.

- **겨울** : 윤이 나는 새틴, 실크, 면 저지 등이 잘 어울린다.

/ 심화학습 4

작은 것이 부리는 조화, 소품 코디

대부분의 여성들은 남성이 목걸이를 착용하는 것을 그리 좋아하지 않는다. 특히 두꺼운 금목걸이를 싫어한다. 그 이유는 건들거리는 느낌을 주어 신뢰감을 떨어뜨리기 때문이다. 설령 그 사람의 됨됨이가 괜찮다고 하더라도 말이다.

실제로 이런 일이 있었다. 지인의 소개로 어떤 모임에 갔는데, 그곳에서 개인사업을 하는 한 남자 분을 소개받았다. 그 사람을 처음 봤을 때 나는 순간 당황했다. 금목걸이, 보석 시계, 반지, 팔찌 등 번쩍이는 액세서리를 지나치게 착용했기 때문이다. 또 겉치레에 지나치게 신경 쓰는 사람처럼 보여 이미지가 좋지 않았다. 그런데 얘기를 나눠 보니 진솔하고 생각이 깊은 사람이었다. 화려한 액세서리 때문에 상대에게 부정적인 이미지를 심어 준 것이다.

따라서 작은 소품 하나라도 소홀히 해서는 안 된다. 소품 하나로 이미지의 가치가 상승하기도 하고 하락하기도 하니까 말이다.

소품 코디를 잘해 이미지를 효과적으로 높이는 사람들이 바로 연예인들이다. 어떤 연예인은 소품을 자신의 트레이드마크로 삼아 사람들에게 주목을 받는 경우도 있다.

그 대표적인 예가 바로 가수 박상민이다.

그는 데뷔 이후 지금까지 한 번도 선글라스를 벗은 적이 없다. 그도 그럴 것이 선글라스를 쓰지 않던 모습과 비교했을 때 이미지 면에서 훨씬 세련되고 강렬하기 때문이다. 그래서 선글라스 하면 '박상민'을 떠올릴 정도로 그를 대표하는 상징이 되었고, 연예인들 중에서 가장 많은 종류의 선글라스를 가진 사람으로 유명하다.

물론 가창력이 뛰어나 스타가 된 면도 있지만, 그는 선글라스로 인해 사람들의 머리에 깊이 각인되었다고 해도 과언이 아니다.

연예인뿐만이 아니다. 권위적이고 딱딱한 정치인들도 액세서리를 이용하여 자신의 이미지를 부각시킨다. 여성으로서 미국 최초의 국무장관을 지낸 올브라이트Madeleine Albright는 작은 브로치를 이용해 효과적으로 이미지 메이킹을 한 대표적인 인물이다.

올브라이트 장관은 매섭고 딱딱한 인상 때문에 사람들에게 차갑고 냉철한 이미지를 심어 준다. 그녀는 이러한 이미지를 완화시키기 위해 브로치를 활용하는데, 한번은 올브라이트 국무장관이 중요한 회담을 앞두고 미사일 모양의 브로치를 하고 나간 적이 있었다. 그 자리는 미사일 문제로 러시아 측과 만나는 자리로, 그녀는 상대와 인사를 나누면서 이렇게 말했다고 한다.

"우리는 이렇게 작은 미사일만 만든다."

브로치 하나로 딱딱하던 분위기가 부드러워졌음은 물론, 그녀에 대한 부정적인 이미지도 희석되었다.

또 이런 일도 있었다. 사담 후세인 Saddam Hussein이 그녀를 "사악한 뱀 같은 여자"라고 했을 때 그녀는 분노를 터뜨리기보다는 센스 있게 뱀 모양의 브로치를 하고 다니며 자신의 부정적인 이미지를 긍정적으로 바꾸었다.

이처럼 작은 소품 하나로 이미지가 좌우되기 때문에 방송을 진행하는 아나운서들도 각별한 주의를 기울인다.

아나운서들은 대개 액세서리를 착용하지 않는다. 특히 뉴스 프로그램은 거의 하지 않고, 예능 프로그램에서도 과도하게 화려한 액세서리는 피한다. 물론 화려한 액세서리를 할 때도 있다. KBS의 「열린 음악회」처럼 품격 있는 프로그램에서는 화려한 액세서리를 하기도 하지만, 과도하게 번쩍거리거나 큰 것은 삼간다. 왜냐하면 액세서리가 너무 화려하면 시선을 분산시켜 정보 전달력을 떨어뜨리고 아나운서로서의 이미지가 손상되기 때문이다.

실제로 MBC에서 뉴스 진행자와 시청자들이 만나 허심탄회한 얘기를 나누는 자리에서 한 시청자가 "지나치게 화려한 의상이나 액세서리는 소식을 전하는 데 방해가 된다"는 지적을 했고, 이 말에 뉴스 진행자들은 "그 말에 동의한다"고 답했다.

이러한 이유로 아나운서국에서는 신입 아나운서들에게는 액세서리를 아예 하지 말라고 권하기도 한다.

그렇다고 액세서리를 무조건 하지 않는 것이 이미지에 플러스가 된다는 얘기는 아니다. 액세서리는 자신의 이미지를 높이는 데 지대한 영향을 미친다. 다만, 과도하게 하거나 무턱대고 착용하지 말라는 얘기다.

그렇다면 구체적으로 어떻게 해야 할까?

하나의 액세서리로 강조하되
상황, 체형, 의상을 고려하라

 우선 액세서리를 지나치게 하지 말아야 한다. 온몸에 주렁주렁 치장을 하면 시선이 분산되어 어수선한 느낌을 준다. 무엇보다 가벼운 사람으로 보일 수 있다.
 예전에 모 프로그램에 액세서리를 좋아하는 40대 아줌마가 소개된 적이 있었다. 그 아줌마는 초등학생처럼 알록달록하고 귀여운 소품들을 좋아해서 모든 사람들이 쳐다볼 정도로 코디를 하고 다녔다. 특히 머리핀을 좋아하는 그 아줌마는 100여 개의 머리핀을 늘 꽂고 다녔다. 물론 개성적이고 젊어 보이기는 했지만, 그 나이만이 가질 수 있는 품위가 느껴지지 않았다.
 또 상황에 맞게 액세서리를 해야 한다. 비즈니스 미팅 자리에 화려한 시계를 차고 간다거나 보석이 커다랗게 박힌 반지를 하고 간다거나 하면 상대방의 눈에 거슬리고 격이 떨어져 보인다.

가급적 공식적인 자리에서는 화려한 액세서리보다는 심플한 디자인을 선택하는 것이 바람직하다.

실제로 이런 일이 있었다. MBC의 모 연예 프로그램을 진행하는 한 여성 진행자가 지나치게 크고 번쩍거리는 목걸이를 하고 나와 조명에 그 빛이 반사되어 사람들의 눈살을 찌푸리게 했다.

아울러 체형도 고려해야 한다. 많은 사람들이 옷은 체형을 고려하여 코디를 하면서도 액세서리는 이를 염두에 두지 않는 면이 있다. 그러나 액세서리도 의상처럼 자기를 표현하는 수단이기 때문에 체형에 어울리는 액세서리를 해야 한다. 그렇지 않으면 완벽하게 코디를 하고서도 액세서리 하나 때문에 이미지를 망칠 수 있다.

만약 키가 작고 마른 체형이라면 왜소한 체형을 보완할 수 있는 밝고 선명한 색상의 액세서리가 효과적이다. 반면 키가 크고 마른 체형은 의상의 색상보다 짙은 색으로 크고 확실한 디자인의 액세서리가 좋다.

키가 작고 통통한 체형은 물방울 무늬, 꽃무늬처럼 귀엽고 고급스러운 디자인의 액세서리가 어울리고, 키가 크고 통통한 체형은 진주, 금속류처럼 고급스럽고 화사한 액세서리가 효과적이다.

무엇보다 그날 어떤 의상을 입었는지를 염두에 두어야 한다. 캐주얼한 옷을 입었는데 고급스러운 진주목걸이를 한다거나, 반대로 정장을 입었는데 달랑거리는 크고 화려한 귀고리를 하면 언밸런스해 보여 감각이 떨어지는 사람으로 비칠 수 있다.

액세서리는 패션을 완성하는 마침표다. 이 마침표를 소홀히 하게 되면 어딘가 허전하고 어색한 느낌을 준다.

만약 지금까지 액세서리를 소홀히 했다면 이제부터는 그 진가를 무시하지 말라. 작은 액세서리 하나에 당신의 이미지가 어떻게 달라질지 모르니 말이다.

TIP 인상을 보완해 주는 액세서리, 안경

안경은 시력 교정을 위해 착용할 뿐만 아니라 인상을 보완하기 위해 사용하기도 한다. 실제로 남성 아나운서들 중에 작은 눈이나 날카롭거나 순해 보이는 인상을 보완하기 위해 안경을 쓰는 경우가 있다.

- **사각형 얼굴** : 딱딱해 보이기 쉬운 얼굴형이므로 완만한 타원형의 안경이 적당하고, 각진 스타일의 안경은 되도록 피하는 것이 좋다.

- **둥근형 얼굴** : 이 얼굴형은 밋밋하고 평범해 보일 수 있으므로 둥근 형의 안경보다는 각진 스타일의 안경을 써야 샤프해 보이고, 지적인 이미지를 살릴 수 있다.

- **각진 얼굴** : 강한 인상을 주기 때문에 가급적 동그란 안경이나 역삼각형 안경 등을 써 주는 것이 좋다. 각진 스타일의 안경을 쓰면 억센 느낌을 줄 수 있다.

- **계란형 얼굴** : 어떤 형이든 잘 어울리므로 자신이 추구하는 이미지에 따라 안경을 착용한다.

에필로그
열쇠는 당신에게 있다

　지금까지 당신은 이 책을 읽으면서 자연스럽게 아나운서의 이미지가 어떻게 형성되는지, 그것을 내 것으로 만들려면 어떻게 해야 하는지 알았다. 그러면 아나운서처럼 될 자신이 생겼는가. 아마도 막막한 느낌은 여전할 것이다. 그러나 그것은 매우 자연스러운 현상이므로 크게 염려할 것도 없고 조바심 낼 필요도 없다. 당신이 살고 싶은 멋진 집이 있다면 이제 막 그 집의 특별함에 대해 알았을 뿐이다. 지금부터 그 특별함을 토대로 차근차근 설계도를 그리고 집을 지으면 당신은 곧 멋진 집의 주인이 될 것이다.

　문제는 당신의 마음이다. '나도 저런 집에서 살고 싶어' '꼭 저런 멋진 집에서 살고 말 거야'라는 마음가짐을 가지고 있다면 당신은 그 집을 가질 자격이 충분히 있다.

　아나운서의 인기 비결을 내 것으로 갖기로 마음을 품었다면 이제 집을 짓는 일, 즉 노력과 훈련이 남았다. 유명 아나운서든 무명 아나운서든 피나는 노력과 훈련을 하지 않았다면 지금의 자리에 존재할 수 없었다. 아나운서들은 수많은 노력과 훈련 속에서 자신의 꿈을 성취한 사람들이다.

지금은 프리랜서로 전향하여 여러 방송국에서 왕성하게 활동하고 있는 방송인 강수정 역시 수많은 훈련과 노력을 통해 아나운서가 되었다. 그녀는 2년 동안 지상파에서부터 케이블 채널까지 가리지 않고 7번의 시험에 도전을 했고 낙방했다. 그러나 그녀는 이에 좌절하지 않고 훈련과 노력을 통해 더욱 아나운서로서의 자질을 갖춰 KBS에 당당하게 합격하였다.

강수정과 마찬가지로 프리랜서로 전향한 방송인 김성주도 마찬가지다. 그는 1995년부터 4년 동안 아나운서 시험에 도전을 했지만 실패를 했고, 때마침 IMF까지 닥쳐 시험마저 볼 수 없는 처지가 되었다. 그전까지 꼭 합격할 수 있을 것이라고 격려하던 사람도 "이제 그만 포기해라"라며 회의적인 반응을 보였다.

어쩔 수 없이 그는 스포츠 케이블 TV에 들어갔고, 박봉을 받으며 3년 동안 그곳에서 일을 했다. 하지만 그는 아나운서에 대한 꿈을 포기하지 않고 끊임없이 노력하고 훈련을 하여 MBC 방송국 아나운서 시험에 합격했다.

나 또한 한 번의 시험으로 아나운서가 된 행운아가 아니라 피나는 노력과 훈련 끝에 합격을 한 사람이다. 아나운서 시험을 준비할 당시, 나는 학교에서 어느 정도 인정을 받고 대학 2, 3학년 때 아르바이트로

KBS 학생기자를 했기 때문에 주변 사람들로부터 "네가 아나운서가 안 되면 누가 되느냐"라는 말을 자주 들었다. 스스로도 자신만만했기에 시험을 보기 전 친구들에게 "이제 봐, 나는 꼭 아나운서가 될 거야"라고 호언장담하기도 했다. 그래서 시험에 보기 좋게 떨어졌을 때 그 실망감은 어마어마했다.

그러나 시험에 떨어지고 또 떨어지면서 내 실력이 부족하다는 것을 인정하게 되었고, 다시 도전을 결심하고 준비할 때 '이게 내 인생의 마지막 기회야'라는 생각으로 열심히 노력했다. 지금은 기억이 가물가물하지만, 어머니가 그때의 나를 회상할 때마다 내가 얼마나 피나는 노력을 했는지 새삼 놀라곤 한다. 어머니는 자주 "연미야, 새벽 4시에 일어나 보면 넌 항상 그때까지 공부를 하고 있었어"라고 말씀하시곤 한다. 그때의 노력과 훈련이 없었다면 아나운서 성연미는 없었을 것이다.

아나운서 재수가 많지 않았던 시절에 여러 번 쓴맛을 보고 성취한 꿈이었기에 나는 KBS 공채 12기 아나운서가 되고 나서도 부족한 부분을 채우기 위해 노력하고 또 노력했다. 또 내 자신이 훈련과 노력을 통해 결실을 맺은 산 증인이기 때문에 지난 11년 동안 아나운서 아카데미를 운영하면서 제자들에게 가장 많이 했던 말도 이것이다.

"아나운서는 피나는 노력과 훈련의 결실이다."

사랑받는 아나운서에겐 뭔가 특별한 것이 있다

초판 1쇄 인쇄 2013년 6월 20일
초판 1쇄 발행 2013년 6월 25일

지은이 성연미

펴낸이 김연홍
펴낸곳 아라크네

출판등록 1999년 10월 12일 제2-2945호
주소 121-865 서울시 마포구 연남동 224-57
전화 02-334-3887 **팩스** 02-334-2068

ISBN 978-89-98241-21-6 13320
※ 잘못된 책은 바꾸어 드립니다.
※ 값은 뒤표지에 있습니다.